どうせ
死ぬん
だから

けやって
寿命を使いきる

和田秀樹
Hideki Wada

SB Creative

はじめに——「どうせ死ぬんだから」は魔法の言葉

「死」というのは、誰にとっても怖いものなのでしょう。

それは薄々想像していましたが、コロナ禍で、それを痛感することになりました。

当初は得体のしれない怖い病気と思われ、40万人も死ぬという予想がなされたため、国中が大パニックになりました。

この病気が国内で問題になった2020年の4月には緊急事態宣言というものが発動されました。以来、緊急事態宣言やまん延防止等重点措置が幾度となく出されたのですが、人間の基本的人権の中でもっともベーシックなもの（言論の自由はさらに高度なものとされます）である移動の自由や、人と話す自由、営業の自由などが厳しく制限されました。

　命のためなら人は、こんなに簡単に基本的人権をあきらめるのだと、私は啞然としました。

　何をかっこつけたことを言うのだと思われるかもしれませんが、私は大きく分けて二つの理由で、「どうせ人間、死ぬんだから」ということと「どうせ死ぬなら、生きている間を楽しもう」という開き直りをもっていたので、このような人権を捨ててまで生きることがしっくりこなかったのです。

　一つは、本書でじっくり説明させていただきたいのですが、私が１９８８年に高齢者専門の総合病院である浴風会病院に勤務して以来、およそ35年にわたって高齢者を診てきたなかで生じた結論が**「人間はどうせ死ぬのだから、いまを楽しみ、いまを充実させたほうが、先の心配をするより、よほど現実的」**だということです。

健康を気遣い、食べたいものを我慢し、飲みたいお酒を我慢しても、あるいは飲んでいてかえって気分が悪くなるような薬を我慢して飲んでいても、残念ながら死ぬときは死にます。

そのような生活をしているほうが、多少は長生きできるかもしれませんが、いろいろなデータを見ている限りあてになりません。なぜならば、日本はがんで死ぬ国だからです。がんで死ぬ人が脳血管疾患の3倍、心筋梗塞の12倍もいるのです。

がんは体の中のできそこないの細胞が増殖して起こると考えられていますが、そのできそこないの細胞を掃除してくれる免疫細胞はストレスによって活性が大幅に落ちます。我慢することががん死を招くこともあるのです。実際、太めの人のほうがやせ型の人より6～7年長生きしています。

いずれにせよ、個人差もあり、どんな生き方が長生きできるのかは本当のところはわかりません。ただ、多くのお年寄りを亡くなるくらいまで診療し続けて感じるのは、我慢している人のほうが後悔されることが多いということです。

そういうわけもあって、私は血糖値を300mg／dlくらい、血圧を170mmHgくらいでコントロールして、酒も食べたいものも我慢しません。多少、早く死んでも、いまの生を充実させたいからです。

もう一つは、本書の最初の章で書いたことですが、私自身ががんの、しかももっとも予後の悪いがんの一つである膵臓がんの可能性が高いと言われたことです。

このときには、2年後の死を覚悟しました。

下手な治療をすると残りの人生がボロボロになると考えて、治療を受けずに残りの人生を好きに生きることを決意したのです。

手術がうまくいっても体力はかなり落ちるようですし、化学療法ではずっと寝て暮らすことになり、楽しく話したり、好きなところに動いたり、おいしいものを食べたりできなくなると考えたからです。

人と話すことも、移動することも、食べることも基本的人権です。それをコロナ自粛であれ、がんの治療であれ、簡単に捨てていいのでしょうか？

家に閉じこもって、楽しい会話もできず、旅行の自由も奪われ、好きなものが食べられないなら刑務所と同じです。

そういうこともあって私自身は、コロナがもっと怖がられていた頃から、開いている店を探しては美食を続け、海外行きは隔離期間が長かったのであきらめることにしましたが、これまで取れない宿が取れたりしたので、国内旅行は相当しました。

ある程度の年齢になると生活や生き方が内向きになりがちですが、ここで魔法の言葉を口にしてください。

「どうせ死ぬんだから」

すると、やりたいことをやらなきゃ損かなと思えてくるかもしれません。少なくとも私はそうでした。

コロナは収束に向かっているとされますが、まだまだ町で見かける高齢者は若者と比べてまばらです。

むしろ年を取って残り少ない人生になったのだから、好きなことをなるべく我慢しないで人生を楽しんでいただきたいというのが著者の願いです。

どうせ死ぬんだから　好きなことだけやって寿命を使いきる ◎ もくじ

1章 「どうせ死ぬんだから」――私が自分の死を考えて、わかったこと

2章 「極上の死」への第一歩
――「死生観」を持てばジタバタしない

4章 極上の生き方は「死に場所」で決まる
――在宅介護より施設死をすすめる理由

5章 「人間、死んでから」

――私がたどり着いた「極上の生き方」

1章

「どうせ死ぬんだから」

——私が自分の死を考えて、わかったこと

ああ、もう死ぬのか……

あれは、2019年の正月のことです。のどが異常に乾いて10分おきに水を飲まないといられなくなり、夜中に何度もトイレに立つ日が続いて、ひと月で体重が5キロも減ってしまいました。バイト先の病院の院長先生が心配して採血をしてくれたのですが、血糖値が660㎎／dlもありました。重症の糖尿病です。

私はたまにしか血液検査を受けないのですが、そんなに血糖値が高かったことはありません。体重も激減していることから、膵臓がんの可能性が高いと言われて、あれやこれや検査を受けることになりました。

もうインスリンの分泌がかなり低下して、糖尿病が悪化しているような膵臓がんなら、末期と言ってもいい……。「ああ、私はもう死ぬのか、これまでか」と思いました。

このとき、私はまだ58歳。以前から血圧が高いとか慢性の心不全になりかねないなどと言われていましたから、長生きはできないだろうなと多少は思っていましたが、それでもやっぱり自分にとって「死」は遠いものでした。**はっきりと自分の死を覚悟したのは、そのときが初めて**です。

どうせ死ぬんだから。好きなことをやり尽くそう

当時、「がん放置療法」で知られる近藤誠先生と本をつくるために何回か対談をしていたこともあり、がんが見つかっても、治療は受けないことに決めました。手術や抗がん剤、化学療法を受けたりしたら、体力がひどく落ちて、やりたいことができなくなる。

その頃、抱えていた仕事もたくさんあったし、まだまだ書きたい本もありまし

た。膵臓がんといっても最初の1年くらいはそれほどの症状は出ないだろうから、とりあえず治療は何もしないで、好きな仕事を思いっきりしよう、金を借りるだけ借りてでも撮りたい映画を撮ろう、というふうに思ったわけです。

30代の頃から、人間はいずれ死ぬのだから生きているうちに楽しんでおかなきゃ損だとは思っていましたが、リアルに自分の死というものに直面して、残りの人生をどう生きようかと真剣に考えました。

そして、延命のためにがんと闘うのではなく、がんは放置して、残された時間を充実させようという選択をした。**「どうせ死ぬんだから、自分の好きなことをやり尽くそう」と開き直ることができた**のです。

結果的に、いくつか受けた検査で、がんは見つかりませんでした。見つけられなかっただけなのかもしれませんが。ただ、そのとき考えたことは、62歳のいまも私の人生観のなかに息づいています。

今日という日の花を摘もう

その話を近藤先生にしたら、ヨーロッパの格言通りの考え方だとおっしゃいました。古代ローマ時代から伝わる「メメント・モリ」は、死を意識しろという言葉だけれど、その対句として「カルペ・ディエム」というのがある。それは「今日という日の花を摘め」という意味で、要するに「**死は必ず来るから、それはしかたないものと覚悟して、いまという時を大切に、楽しく生きなさい**」と言っているのだ、と。

まさに、私の思うところです。どうせ死ぬんだから、と投げやりになるのではなく、人間の命には限りがあるのだから、自分の好きなように残りの人生を生きたい。**死を見極めると、本当にやりたいことが明確に見えてきます。同時に、どうでもいいこともわかってくる。だから、時間を無駄にすることもない**のです。

日本人は死ぬことを恐れすぎ

コロナが流行したときに痛感したことなのですが、**日本人は人の死をひどく恐れている**。「そもそも、人間は死ぬものなんだ」という当然のことが忘れられている気がしました。

テレビメディアが毎日のようにコロナは怖い、恐ろしいと煽り立てたせいもありますが、コロナを必要以上に怖がって、死なないで済むならと、行きたいところへも行かず、レストランで好きなものを食べたり会いたい人と会って話をしたりという基本的人権を放棄した人が大量に現れた。

データを見れば、日本のコロナによる致死率は約０・２％です。死亡者の総数は、６万１２８１人（２０２０年1月以降〜２０２３年1月12日現在、厚生労働省が集計したデータより）で、その80％以上が70代からです。

もっと詳しく言えば、コロナで亡くなった人の多くは高齢者のなかでもとくに弱い高齢者、つまり免疫力がかなり落ちた基礎疾患のある90歳以上や要介護5の人が多く、元気な人や若い人たちはほとんど亡くなっていないわけです。

コロナに限らず、どんな病気であっても、高齢者のほうが重症化するリスクや死ぬリスクが高いのはしかたのないことです。

たとえば毎年、インフルエンザとその関連死で1万人ぐらい亡くなっていますし、風邪をこじらせて亡くなる人も2万人ぐらいいます。風呂場で亡くなる人も年間1万9000人いるわけです。しかし、それらのほとんどが高齢者です。つまり年を取るというのは、死ぬ確率が高くなるということなのです。

今日生きていることがすごくラッキー

私は、高齢者専門の精神科医として、20代後半から多くの高齢者と接してきました。診察した患者さんは6000人以上、介護の場や講演会など病院以外も含めると、診てきた数は1万人を超えるでしょう。

最初は浴風会病院という高齢者専門の総合病院に勤めていました。300床ほどの病院で、毎年、およそ200人が亡くなっていく。在院者の平均年齢が85歳ぐらいですから、風邪をこじらせて肺炎になるとか、食事中に誤嚥を起こすとか、ちょっとした病気でも亡くなる人がいっぱいいるわけです。その経験が、「人間はしょせん死ぬものなんだ」という人生観を私に与えてくれました。

いま日本では、90歳以上の人が260万人、寝たきりの要介護5の人が約59万人います。表現は悪いけれど、ちょっと背中を押しただけで亡くなる可能性のある人が、結構な数でいるわけです。

260万人の90歳以上の人が、元気に生活をしていたら急に死ぬことはありませんが、ちょっと重い風邪をひいたら死ぬ可能性がある。59万人の寝たきりの人も、褥瘡《じょくそう》（体重で圧迫されている場所の血流が悪くなり、皮膚がただれたり傷ついたりする状態）などができない限りは命に別状はないけれど、もしできて感染症にかかったり、誤嚥性の肺炎を引き起こしたりしたら、そのまま亡くなっても不思議ではありません。

長年、高齢者専門医として多くの高齢者に接してきた私にしてみると、**90歳以上の方や寝たきりの方が、今日生きていることはすごくラッキーなこと**なんだと、感じざるをえません。いま元気で意識もクリアだから、すぐ死ぬというイメージはわかないかもしれないけれど、風邪であっても死ぬ可能性はかなり高いのです。

死にたくないと思うほど「人生の幸福度」は下がる

私の場合、膵臓がんかもしれないと言われたときに、そこで一回、自分の死を覚悟したから、その後、コロナが流行りだしたときも動じることはありませんでした。「どうせ死ぬんだから、ジタバタしてもしょうがない。いつまで生きられるのかわからないのだから、旅行するのを控えたり外食するのを我慢したりするのはやめよう」と決めて、思った通りに行動しました。

たとえば80歳の人が、コロナが怖いからと行きたい旅行にも行かないで、そのまま亡くなることもありえるでしょう。それで、死ぬときに本当に後悔しないのだろうかと思います。

コロナにかからなくても、高齢者が外出もしないで家に閉じこもり、だれとも会話せず、不安を煽るようなテレビ番組ばかり見ていたら、筋肉も脳もあっという間に衰えてしまいます。

若いうちなら回復も見込めますが、高齢者の場合、引きこもり生活が長引くと、足腰や認知機能にダメージを与えて、結果的に「フレイル」と呼ばれる心身の虚弱状態を招きます。

フレイル状態になると、身体的・精神的な活力が低下し、病気にかかりやすく、ストレス状況に弱くなるとされています。感染が落ち着いたからといって、どうぞ、旅行や外食を楽しんでくださいと言われても、それがすぐにできるほど簡単に回復できる状態ではないのです。

実際に、高齢者が3年近くも自粛生活をしていたために、足腰がめっきり弱って歩けなくなったり、転倒して骨折し、入院生活を余儀なくされたりするような事例は数えきれません。私は、このコロナ自粛をきっかけに、200万人ほど要介護者が増えることになるだろうと推測しています。

高齢者や基礎疾患のある弱者を守るためという理由を掲げて、「コロナ死者を一人も出してはならない」というような無理筋の政策を推し進めた結果が、これです。若い世代からは、「高齢者を守るために、大したリスクもない私たちが我慢しなければいけないのか」という不満の声も上がり、「高齢者は社会のお荷物」というような風潮が助長されました。自粛などしたくない高齢者も外では肩身が狭くて、家に引きこもらざるをえなかった。

そして3年近くも自粛生活を強いられて、要介護状態に陥っていくのですから、高齢者こそがコロナ政策の被害者と言えます。

私は、高齢者が元気に生き生きと残りの人生を楽しむためのヒントになればと思って、『70歳が老化の分かれ道』（詩想社新書）や『80歳の壁』（幻冬舎新書）など高齢者に向けた一連の本を出してきました。それらが多くの読者に受け入れられているのは、多少早く死んでもいいから好きに生きたいと望む人々の鬱憤が溜まっていたという要因もあるように思えてなりません。

残念ながら、人間は必ず死ぬものなのです。死なない人はいません。死ぬ確率は100％。それは、ありとあらゆる科学的真実以上に真実です。

人間なんていつ死ぬかわかりません。わからないのだけれど、年を取れば取るほど、死ぬ確率は高くなる。だから、ある年齢になったら自分の死を覚悟せざるをえないと思います。確かに死を身近に感じるのは辛いことなのかもしれませんが、もう覚悟を決めなきゃしょうがない。

いつ死ぬかわからないと思えば、生きているいまを楽しまないと損だと思うのは私だけではないでしょう。

たとえば今日、「うまいものを食いに行こう」と誘われたときに、今日そこに行かないと一生その食事に出合えないかもしれない、だから行かなくてはと思う。もし老後もケチケチ節約していて貯金が思いの外たまっていたら、一度は運転したかったポルシェを買おうとか、元気なうちに夫婦で世界一周旅行に行こうとか思うでしょう。

「どうせ死ぬんだから」と思えば、好きなことができるものです。さらに「もう死んでもいいや」って思うことができれば、人間かなり思い切ったことができます。逆に、死にたくないと思えば思うほど、人生の充実度、幸福度が下がってしまうものです。

体にいいものより好きなラーメン週5回

医学の進歩によって、昔は「不治の病」といわれていた病気を治療できるようになり、いろんな病気を予防医学で多少は避けられるようになりました。健康診断を受ければ、血圧は下げるべきだとか、コレステロールや血糖値も下げたほうがいいとか言われるでしょう。

でも結局、それによってＱＯＬ（Quality of life＝生活の質）が上がらないことには、ただの延命治療以外の何ものでもありません。

たとえば、80歳で肺炎になった人を治療して回復することはあります。その人が85歳まで生きて、その5年間に何か楽しかったと思うようなことがあれば、肺炎を治してあげて良かったと思えますが、その後もずっと寝たきりで、「早く死にたいよ」とか「早くお迎えが来てくれないかな」とか毎日のように言われたら、肺炎を治したことが果たして良かったのだろうか、と疑わざるをえなくなります。

そういう経験を何度か重ねて、私は自分が高齢になったときに、もし体があまり動かず、認知症もかなり進んで、**自分のしたいこともできないような状態になるなら、長生きできなくてもいい**なと思うようになりました。

だから、いまでも血圧は１７０／１００㎜Hg、血糖値は３００㎎／dl、中性脂肪値は１０００㎎／dlくらいで、良いとは言えない数字でも放っておいているわけです。ちなみに現代医療では、血圧は１３５／85㎜Hg以上になると高血圧といわれる状態になり、血糖値が１００㎎／dl（空腹時）、中性脂肪値が１５０㎎／dl以上になると、さまざまな病気が疑われるようになります。

それでも、食べたいものを我慢してまで長生きしたくない。ワインは毎晩飲んでいますし、週に5日ぐらい好きなラーメンを食べ歩いています。

死を受け入れて、老後を本気で楽しむ

死ぬことを止める治療はありません。死を避ける方法はないのですから、辛くても受け入れるしかしょうがない。

私が医学生だった時代から、ターミナルケア(末期医療)に関する「聖書」ともいわれていた『死ぬ瞬間』(中公文庫)という世界的ベストセラーがあります。アメリカの精神科医、エリザベス・キューブラー・ロスは、多くの末期患者と接して彼らの心の動きを探究し、死にゆく人は次の5つの心理をたどると分析したのです。

第1段階　否認と孤立

自分の命が長くないことにショックを受け、「私のことじゃない。そんなことが

あるはずがない」と、その事実を否認したり事実から逃避しようとしたりしている段階。まわりの認識や態度とは隔たりが生まれるため、孤立しがちになる。

第2段階　怒り

やがて自分は死ぬという事実を認めるものの、「どうして、あの人ではなく、私がこんな目に遭わなくてはいけないのか」といった疑問が頭をもたげ、健康な人への嫉妬、死を直視する必要のない人たちへの怒りをおぼえる。

第3段階　取り引き

第1、第2段階に比べて短い期間ではあるが、「なんとか死を先延ばしできないか、願わくば奇跡が起こって死を回避できないか」と考えて、神仏にすがったり、善行を行ったりする。

第4段階　抑うつ

どうしても死を避けられないことがわかり、あきらめや悲観、むなしさ、憂うつ、絶望といった気持ちに支配されて、うつ状態になる。

第5段階　受容

そして最後に、自分の運命を呪ったり自暴自棄になったりすることもなく、死はだれにでも訪れる自然なものとして自分が死にゆくことを受け入れる。

おそらく、死を宣告された多くの患者はこういうプロセスをたどるのだろうと思います。しかし、私の場合、「たぶん膵臓がんだろう」と言われたときに、そのプロセスを全部すっ飛ばして、「まぁ、しょうがないよね」と受容することができました。

死を避けることはできないけれど、いまの医学で死ぬのを遅らせることは多少はできます。もし医学の力を借りて90歳くらいまで生きられたとして、もう体が動かなくて遊べない、おいしいものも食べられないとなれば、そろそろ死んでもいいかと思えるかもしれない。

確かに遅らせたほうが、死に対する恐怖心が薄れるかもしれません。しかし、死にたくないからとあれこれ我慢しても、いつかは必ず死ぬわけです。

抗がん剤治療を受けたところで、6カ月ぐらいの延命効果しかない事例がめずらしくない。そのために医療費を2000万円も使うことがあるわけで、しかも抗がん剤治療を始めてから残りの生きている期間は、ほぼほぼ何も楽しいことができなくなってしまう場合が少なくありません。

そういうことを、事実として受け止めないといけない。そして何より、**人間だれしもいずれは死ぬものだということを前提に考えなければ、老後を本気で楽しめない**と思います。

死ぬ瞬間は痛くも苦しくもない

多くの人が死ぬのを怖がる理由の一つは、死ぬ瞬間が苦しいのではないかという恐怖心があるからでしょう。しかし実際は、最後の段階になると意識が低下して、眠りに落ちるように死んでいく。つまり意識はないのですから、別に痛くも苦しくもない。

がん患者は痛くて苦しんで亡くなるという話をよく耳にしますが、それは医者が余計な手術や投薬をするからです。もしがんが痛くて苦しい病気なら、「検査したときにはもう手遅れだった」ということはないはずじゃないですか。もし痛くて苦しい病気だったら、とっくの昔に医者にかかっているはずです。

私があえて、がん検診を受けない理由の一つは、がんを見つけたところで、ただ苦しむだけの治療を受けたくないからです。

私が勤めていた高齢者専門の浴風会病院では年間100例の病理解剖を行っていましたが、85歳を過ぎてがんのない人はいませんでした。そのうち、死因ががんだったのは3分の1にすぎません。つまり、3分の2は知らぬが仏なのです。

できれば、私も知らぬが仏で死にたいと思っています。

もちろん、なかには痛くて苦しいがんもあります。たまたまがんができた場所が悪くて神経や気道を押していたり、骨転移すると痛みが出たりすることはありますが、痛くて苦しいのが、がんのスタンダードでは絶対にない。

それに痛みに関しては、いまはわりと確実に取る方法が二つあります。

一つがブロック注射です。これは、ブロック注射のうまい人に、ある一定の期間を置いて何回も打ってもらわなければいけないという難しさはありますが。

もう一つは、いわゆる医療用のモルヒネ。使う量に上限がないので、痛みが強くなれば、それに合わせて量を増やすことができます。

だから、**がんになったときに、なるべく治療は受けない、痛くなったらモルヒネを打ってもらう、と開き直っておけば、別に怖い病気ではない**と思います。

ピンピンコロリがいいか、がんで死ぬのがいいか

あなたは、どんな死に方が理想ですか？

この質問に、ピンピンコロリだと答える人が多いのは、やはり、できるだけ苦しまずにポックリ逝きたいからでしょう。

しかし、ピンピンコロリというのは、言い方を変えると突然死ですから、本人もまわりも予期せぬ形で死を迎えることになります。家族に別れを告げることも感謝の言葉を遺すこともできない。

しかも、まだ頭も体もしっかりしているときに突如死んでしまうというのは、いたたまれない気がします。

私は、ピンピンコロリよりも、死の準備ができるがんで死ぬほうがいい。がんで死んだほうがいいと言う医者は少なくないと思います。というのは、がんは下

手な治療さえしなければ、死ぬ間際までわりと意識があるわけです。だから、家族に「ありがとう」と言って死ねる。

ところが、心筋梗塞などで突然死しようものなら、家族にさよならも言えないし、遺族がパソコンを開けてみたらとんでもないものが出てきた、みたいなことが起こるわけです。そういう意味で、私はがんで死んだほうがマシなような気がします。先に話したように私にはやりたいことがまだまだあるし、急に死ぬのはちょっとまずいこともある。まずいと言っても、そんな大したことではなくて、エッチな本やＤＶＤを隠している程度のことですけれど。

それに、せっかく集めたワインのコレクションをやはり飲んでから死にたい。困ったことに、この数年、投機目的でワインを買う中国人が増えて値段が異常に上がり、昔買ったワインが何百万円もするようになって気楽に飲めなくなっているのですが。

それでも、やはり命は有限ですから、死ぬまでにはぜひとも飲みたい。がんになったときは公表して、知り合いを集めてワインの栓を開けようかな、とかいろいろ考えています。そうして楽しく、なだらかに死んでいきたい。ワインがおいしく飲めて、うまいものをちゃんと味わえるうちに死ねたらいいなと、いまのところ思っています。

近藤誠先生の急死——まさに有言実行の人だった

2022年8月13日、近藤誠先生が急逝されました。ちょうど近藤先生と共著をつくっていたこともあって、編集者の方が訃報を伝えてくださったのですが、ショックで言葉が出ませんでした。

聞くところによると、電車に乗っていて気分が悪くなり、病院に行こうとして乗り換えたタクシーのなかで、心肺停止の状態になったそうです。まさに突然死です。死因は虚血性心不全とのことでした。

ご家族には日頃、「まだ元気なうちに、苦しまないでポックリ死にたい」と話されていたそうで、奥様は「有言実行の人だから本望だと思います」というようなことをおっしゃっていました。それにしても早すぎます。

気になったのは、ネット民の反応でした。近藤先生は、徹底した健康診断否定派だったので、その報いだというような声が少なからずあったのです。

しかし、いまの健康診断では、心筋梗塞を防ぐことはできません。血液検査ではもちろんわかりません。コレステロール値が正常範囲であっても、心筋梗塞で亡くなる人はいくらでもいます。

心電図もあてにはなりません。これも浴風会病院に長い間勤務していたときに知ったことなのですが、70代以降になると心筋梗塞でもないのに心電図が心筋梗塞の波形を表すことが結構あります。逆に心電図上、異常がないのに心臓の血管が詰まりかけているということも結構あるわけです。

何が言いたいかというと、近藤先生が健康診断を受けなかったせいで突然死した、それ見たことか的なことをネット民たちが書いていましたが、その批判は当たっていない。医学知識がない人たちの誤解であって、定期的に血液検査を受けたところで、決して近藤先生の命が救われたわけではないと思います。

詳しいことは3章で述べますが、少なくとも、一般の健康診断は、病気を増やし、その後のエビデンス（証拠）のない服薬や食生活の強制によって生活の質も下げるため、高齢者にはむしろ逆効果なのは間違いありません。

近藤先生は、膨大な文献を読み、エビデンスに基づいて、無駄ながん治療はやらないほうがいいとか、乳がんは乳房を全摘するよりもがんだけを切除したほうがいいとか、そういう当たり前のことをたくさん提言してくださいました。それで救われた人がどれほどいるかと考えるだけでも、本当に惜しい人材をなくしてしまったと残念でなりません。

しかし奥様がおっしゃるように、近藤先生がそんなに苦しまず亡くなられたのは、有言実行と言えるでしょう。先生が日頃から、自分の理想の死に方というものを考え、ご家族に話しておられたから、奥様も少しは救われていらっしゃるのかもしれません。

私が突然死を避けたい最たる理由は、多少は死の準備をしておかないとまずいことがいくつかあるためですから、**もしも急に死んでも恥ずかしいことが何もないような生き方をしていたら、ピンピンコロリで元気なうちに急死するのも悪くない**かもしれない。少なくとも、楽な死に方のような気がします。

「自分の死に方」を考えたほうがいい理由

ピンピンコロリの死因で、とくに多いのが心筋梗塞です。

心筋梗塞とは、動脈硬化が進行して、冠動脈にできていたプラークが冠動脈を完全に塞《ふさ》いでしまい、心筋に血液が届かなくなって、心筋が壊死してしまう状態です。心不全の原因には心筋症や弁膜症などさまざまな病気がありますが、なかでも多いのがこの心筋梗塞です。

ピンピンコロリか、がんで死ぬかを考えたとき、確率で見ると、日本の場合は心筋梗塞で死ぬ人は、がんで死ぬ人の12分の1しかいません。

健康診断でひっかかって、よくコレステロール値を下げろだの、メタボを治せだのと言われるでしょう。それらは基本的に、心筋梗塞のリスクを下げるためのものです。これも後で詳しくお話ししますが、心筋梗塞のリスクは減るけれど、がんのリスクはむしろ増えるのです。

私も近藤先生と同じく健康診断否定派なのですが、突然死は避けたいので、心臓ドックを受けています。前述したように、コレステロール値が正常でも動脈硬化が起こる可能性はあるので、心臓に血液を送っている冠動脈が動脈硬化によって狭窄《きょうさく》していると、急に血管が詰まって心筋梗塞になる危険性が高い。

心臓ドックを受ければ、冠動脈の狭窄を見つけることができます。日本人は手先が器用らしく、その細くなっている血管を拡げる手技に長けている。たとえば、バルーン（風船）が先についたカテーテル（細い管）を血管内に入れて、詰まった部分を風船で拡げ、その後、再び閉塞するのを防ぐためにステント（筒状の金網）を血管内に留置する「インターベンション治療」があります。

心臓ドックは、エビデンスがないということで否定的な先生もいます。近藤先生もそうでした。私は、知り合いの経営者や文化人のなかにインターベンション治療を受けて、精力的に仕事を続けている人がたくさんいることや、たまたまその治療がうまい先生を知っていることから、心臓ドックにこだわっています。

私とは逆に、「ピンピンコロリのほうがいい」と言う人は、健康診断も何の検査も受けないで、かなり不摂生な生活をしないといけないでしょう。心筋梗塞で死ぬ人は、がんで死ぬ人の12分の1しかいないと言いましたが、普通の生活をしていたら、なかなかその12分の1の一人にはなれません。

思いっきり好きなものを食べて、脂っこいものをたらふく食べて、いわゆるビア樽型肥満にならないと意外に成就しないと思います。

もちろん、脳出血や急性大動脈解離などで突然死することもありますが、心筋梗塞で亡くなるよりももっと可能性が低い。あえて心臓ドックを受けてみて、冠動脈の狭窄が見つかったら、何にもしないで放っておく。それくらいしないとピンピンコロリは難しいでしょう。

そういう意味でも、**やっぱり「自分の死に方」というものをある程度決めておいたほうがいい。無知であるがゆえに自分の死にたいように死ねないというのが、一番不幸**だと思います。

2章

「極上の死」への第一歩

――「死生観」を持てばジタバタしない

スウェーデンに寝たきり老人はいない

ドイツで働いていた私の知人の話ですが、子どもが高熱を出してあわてて病院に連れて行ったら、「ただの風邪だから、放っといたら治る」と医者に突き返された。でも、その後も治る気配がなくて、再び病院に行き、「このまま熱が下がらずに死んだらどうするんですか」と聞くと、こう言われたそうです。

「それは神の思し召しだ」

ドイツの人は、いまの日本では考えられないような死生観を持っている。欧米では、一般的に死生観はその人が信仰している宗教に影響される部分が大きいといわれますが、風邪ぐらいで死ぬ人は、どうやってももう生きられない人間だという発想がどこかにあるのだと思います。

前述したように、日本でも風邪をこじらせて亡くなる人はいます。厚生労働省の「令和元年（2019）人口動態統計」によれば、インフルエンザで亡くなった人は、3575人、関連死を合わせると約1万人ぐらいとされています。コロナよりもはるかに怖くないと思われているインフルエンザでも、これだけの人が死んでいる。つまり、**どんな病気でもある一定の確率で人間は死ぬ**わけです。

ドイツでは、その運の悪いくじに当たった人たちに対して、「神の思し召しだ」という言葉を使うのでしょう。

ところが、日本の場合は、生命力があろうとなかろうと、とにかく生かすという医学が普及してしまった。外国の人は風邪ぐらいで医者にはかかりませんが、日本は1970年代ぐらいから、風邪をひいたら当たり前のように病院に行くという国になったわけです。

一方で、福祉国家のスウェーデンには寝たきり老人がいません。なぜなら、高齢者が少しでも歩けるように、寝たきりにならないように国家を挙げて取り組んでいるからとされています。

しかし、スプーンで食べ物を口元に持っていったときに食べようとしなければ、もうこれは「神の思し召し」ということで点滴もしない。もはや生きる意志がないものとして、その後は基本的に延命治療をしないという社会的合意ができています。これも、実は寝たきりがいない一因なのです。

ところが日本は、無駄な延命治療はしないという社会的合意がないどころか、医学界で延命治療について十分に議論されることもなかった。私が医者になったのは１９８５年ですが、その頃には、「医師であるもの、患者を生かす方法があったらなるべく生かす」という考え方が明らかに確立してしまっていました。

「サザエさん」の磯野波平さんは54歳!?

日本人の「平均寿命」は、２０２１年時点で、男性が81・47年、女性は87・57

年になりました。世界トップレベルの長寿国です。しかし、平均寿命が50年を超えたのは戦後、団塊の世代が生まれた1947年のことです。

その前年に新聞で連載が始まったのが人気漫画「サザエさん」でした。アニメではかなり老けていますが、サザエさんの父親の磯野波平さんは54歳、母親のフネさんは50ン歳（諸説あります）という設定です。いまの同世代からは考えられないでしょう。それくらい日本人は若々しく長寿になったということです。

これは医学の進歩のおかげというより、栄養状態の改善が老化を遅らせ、寿命を延ばしてきたと言えます。

たとえば、大正時代から昭和初期にかけて死因のトップを占めていた結核が、1950年代に患者数が激減して、日本人が一気に長生きできるようになりました。

これには戦後、米軍が脱脂粉乳を配ったり、日本人がそれまでほとんど食べていなかった肉を食べる機会が増えたりして、タンパク質をとるようになった影響が大きい。つまり、タンパク質をとることによって、免疫力が飛躍的に上がったわけです。

1950年代から60年代にかけて、死因のトップだった脳卒中も、その後どんどん減っていったのですが、これも日本人がタンパク質をとるようになったことで血管が強くなったからです。

いずれにしても、日本人の寿命は延び続け、戦争で亡くなる人はいなくなり、戦後の経済成長とともに核家族化が進んで、おじいちゃんやおばあちゃんの死に目にすら会わない人も増えた。たいていの人が病院で亡くなるのが当たり前になって、大半の日本人の死を看取るのは医者になりました。

こうして自分のまわりで人が死ななくなると、死というものがどんどん遠のいていく。人の死を目の当たりにすることがないと、とどのつまり、まるで人間は死なないかのような幻想を抱いてしまうのかもしれません。

言うまでもありませんが、**どんなに栄養状態が良くなろうとも、医学が進歩しようとも、人間は死を避けることなどできません。**たとえば、死産にしてもゼロにすることはできない。

２０２０年には84万８３５人の子どもが生まれ、１万７２７８人が死産、23人の妊産婦が亡くなっています（厚生労働省「人口動態統計」令和2年（２０２０）確定数より）。無事に生まれるか、死産になるか、あるいは母親が亡くなってしまうか。これはもう運としか言いようがない。

でも現実には、運というものがあるという発想が欠落しているから、お産で死んだら絶対に医者のせいだと考えられて、下手をすると訴えられる。だから医者も、できるだけ訴訟を起こされないように万全を期す。患者がとにかく死ななければいい、という医療を行うようになるわけです。

「長生きすればいい」という日本人の死生観

医学が進歩してきたことで、医者がなんとなく自分たちの力で人間はいくらでも延命できるかのような錯覚を抱くようになり、患者さんにもその術があるという幻想を与え続けた。

それが、徐々に日本人の死生観を変容させて、いつの間にか日本人の死生観は「長生き至上主義」になってしまいました。

医者は、そんな長生き至上主義に乗っかって、何か悪いところがあったら薬を使って治すとか、節制した生活を求める、などという話になる。たとえば血圧が高かったら、「お酒もやめて、塩分の少ない食事にしてください」とアドバイスしながら、血圧を下げる薬を押し売りするわけです。

ある血圧の薬の調査によると、その薬を飲まなければ6年後に高血圧の人の10

%が脳卒中になるが、薬を飲んだら10%のその確率を6%に減らせた、という。

けれども、この結果をよくよく考えてみてください。血圧の薬を飲まなくても90%の人は脳卒中になっていない、ということです。しかも、薬を飲んでいても、6%の人は脳卒中を起こしているわけです。

脳卒中になる人を10%から6%に減らしているだけのことで、その確率をゼロにできるわけでもないのに、そうであるかのようなことを医者は口にする。

「いや、飲んでいても死ぬけど、死ぬ確率がちょっと減るから」と言って、薬をすすめる医者はまずいません。

医者がやっていることとは、ほんの少し延命したり、死亡率をちょっと下げたりする程度のことです。それなのに、「薬を飲んでいたら大丈夫」というようなことを言うから患者さんの死生観がゆがむわけです。

体ではなく臓器を診ている日本の医療

さらに問題なのは、日本人とアメリカ人とでは疾病構造も食生活も違うのに、それを無視していることです。

アメリカでは、心筋梗塞で死ぬ人が多く、血圧を下げたほうが長生きできるということについては十分なエビデンスがあるのですが、日本では確たる証拠はありません。

大規模調査も行われないまま、アメリカでは血圧を下げたほうが長生きできることになっているからと受け入れて、日本の医者たちは患者の血圧を下げよう、下げようとし続けるわけです。

１９７０年代に、これもアメリカの猿真似で、「臓器別診療」というものに変質したのも大問題です。

それまで医者というのは人間全体を診るものでした。私が医学教育を受けた頃は内科診断学といって、それをみっちり勉強させられたものです。しかし、臓器別診療に変わって、人間全体というスケールではなく、悪い臓器を見つけてその臓器を良くしていけばいい、という方向に転換したわけです。

昔は、人間全体を診る町医者が大勢いたものですが、循環器しか、消化器しか診ることができない専門医がはびこるようになりました。アメリカでは心筋梗塞や心臓病の患者が多いため循環器内科が幅をきかせていますが、日本でもアメリカと同じように循環器内科の医者が偉くなってきた。

前章で、健康診断を受けると、コレステロール値を下げろだの、メタボを治せだのと言われるのは、心筋梗塞のリスクを下げるためのものだと言いました。それはアメリカの臓器別診療に追従しているからです。

たとえばコレステロールには免疫力を上げてがんを予防したり、男性ホルモンの材料になったり、うつ病のリスクを下げたりするなどのメリットもあるのですが、それらを総合して考える姿勢が臓器別診療ではほとんどありません。

現在の日本の医療は「体に良いもの」よりも、「臓器に良いもの」を優先してしまいがちです。極論すると、肝臓さえ良くなれば、ほかの臓器はどうなってもいい、というおかしな医療がまかり通っているのです。

大事なのは「長生き」ではなく、「長生きして何がしたいか？」

世の中には、医者の言うことを素直に聞いて、血圧を下げ、血糖値を下げ、食べたいものを我慢し、酒もタバコもやめている人たちがたくさんいます。

高齢になってからも、我慢しながら医者にすすめられる生活を続けている人が圧倒的に多いわけですが、やはり長生きが目標になってしまっているという印象がぬぐえません。

長生きすることよりも、長生きすることで何をしたいのか、ということのほうが大事じゃないですか。

解剖学者の養老孟司先生は、もう60年以上の愛煙家でいらっしゃる。けれども、医者でありながら「体に悪いからタバコをやめよう」とはまったくお考えにならない。「自他ともにその人らしい生き方があるから」というのが養老先生のお考えです。

昆虫好きなことでも知られる先生ですが、85歳を超えて、なおラオスのジャングルに、毎年のように虫捕りに行かれるそうです。亜熱帯のラオスの密林なんて、蚊に刺されただけで死ぬような感染症にかかるところ。それでも、感染症が怖いという気持ちはまったくなく、虫捕りしたいという気持ちだけで行動されているようです。85歳を過ぎてなお虫捕りに熱中される養老先生は、まさに「その人らしい生き方」を体現されているお一人だと思います。

別に、長生きして経験を活かし社会に貢献したい、というような立派なことでなくてもいい。夫婦で温泉旅行をしたいとか趣味の写真を撮り続けたいとか、自分が楽しいと感じることなら何でもいいと思います。

私みたいに年間200軒以上ラーメン屋をめぐっていれば、1年長生きできたら行けるラーメン屋が200軒は増えるわけです。

ぜひ、長生きしてよかったと思えるものをつくってください。そういうものをつくっておかないで、ただただ長生きしているだけなら、単なる延命と同じじゃないのかなという気がします。

もちろん、1日でも長生きしたいから、そのためにはどんな医療でも施してほしいという人もいるでしょう。それはそれで結構だと思います。死生観にしろ、理想の死に方にしろ、人それぞれです。正解はありません。

だからこそ、自分なりの死生観を持つことが大事です。**残りの人生をより自分らしく生きるためにも、自分はどういう死に方を望むのか、老いの入り口に立ったら一度は真剣に考えておいたほうがいいと思います。**

想定外だった父親の最期

私の父親は86歳で亡くなりました。父は死ぬまでの7カ月間、人工呼吸器につながれていました。これは、私にとって想定外の出来事でした。

父はタバコの吸いすぎで肺気腫になり、それが悪化して入院していたのですが、ある日、病院から「呼吸状態がひどいので、気管内挿管をしてもいいですか」と電話がかかってきました。そうしないと、今晩中に亡くなるかもしれないと言うのです。

私は東京、父は大阪で入院していましたから、死に目にも会いたいし、担当医に「お願いします」とうっかり言ってしまった。気管内挿管を承諾するということは、その後、気管切開をして人工呼吸器につなぐというところまで同意したことになってしまうのです。医者でありながら、そのときは、それをまだ知りませんでした。

人間というのは意外にしぶとい生き物で、肺気腫を患っているにもかかわらず、呼吸器につながれるとなかなか死ねない。中心静脈栄養という、太い血管に高カロリーの栄養が入る点滴もしていましたから、生きられる。

胃ろう（腹部に開けた穴にチューブを通して胃に直接食べ物を流し込む医療措置）を行っていれば、より確実に栄養が保たれて元気になりますから、おそらく死ぬのはもっと遅れるでしょう。

ずっと意識がない状態で生きているのは、ずっと気持ちよさそうに寝ているように見えなくもないのですが、医療費の無駄かもしれないなと思いました。それまでは患者さんが同じような状態でいるのを見ても、患者さんを生かすことばかり考えていて、医療費のことなど考えたこともなかったのですが、初めてそう思い至りました。

延命治療には1日10～20万円かかります。だから父が7カ月もの間、呼吸器につながっていたということは、２０００万円以上は国の医療費を使っているわけです。申し訳ないことをしたと思っています。

ただ、東京に住んでいる私たち親族は父の死に目に会えましたし、呼吸器につながれたままの父ではあったものの、みんなでお別れをすることはできました。

父はわりと生に執着のあった人でしたから、生きられるだけ生きたことに満足しているかもしれない。国に医療費を使わせてしまったけれど、それ以上の税金も払っていましたし、そんなに悪い最期ではなかったのではないかと思います。

延命治療をどうするかは難しい問題です。これは、個々人の死生観が深く関わってくる問題ですから、一般論では答えられません。

延命措置を望むのか、延命のための気管内挿管や胃ろうなどの処置を望まないのか。その意思を判断力のあるうちに決めて、家族の間でも意思を共有しておくことが必要でしょう。

「枯れて死ぬ」のが人間の自然な死

昔は、終末期を迎えると何も医療を施されず、最期が近づいたら何も口をつけずに衰弱していって、眠るように死んでいったのだと思います。それが、本来の「老衰死」です。

人は死期が近づくと、身体が栄養や水分を必要としなくなり、食欲が衰えていきます。そうして最期を迎えるわけです。しかし、家族はなかなかそれを受け入れることができない。「食べないから元気が出ないのだ」と思い、少しでも食べてほしいと願います。

医者は血液検査をして脱水の傾向が見られたら、点滴で補正します。ところが、水分が吸収できなくなっている体に過剰に点滴を行うと、水が溜まって足がむくんできたり、肺に水が溜まったりする。肺に水が溜まるという状況は、溺れて死ぬときと同じで、本人からしたら非常に苦しいのです。

一般論から言うと、**体内の水分がなくなって枯れるように死ぬのが、人間にとって自然な死**です。脱水や餓死は、ものすごくかわいそうな死に方のように見えますが、だんだんと眠るように死ぬので、本人は楽なわけです。

延命治療で、たとえば呼吸器につないで点滴するときは安定剤とか眠くなる薬も入れていますから、言うほど本人は苦しくない。原則的にトロトロと眠っているような状態だと思います。

しかし、どちらが楽かと聞かれたら、やはり何も食べず脱水して枯れたように死んでいくのが一番楽だと思います。

NHKスペシャル取材班による『老衰死——大切な身内の穏やかな最期のために』(講談社)には、2005年にオランダで行われた貴重な研究が記されています。研究対象は、平均年齢85歳、178人の重度認知症患者です。人工的な水分・栄養補給を実施しないと決定した後、不快感のレベルがどのように変化していくかを測定し、亡くなるまで記録していきました。

その結果、人工的な水分・栄養補給の実施を見送った後の生存期間が「2日以内」「5日以内」「9日以内」のいずれのグループでも、死が近づくにつれて不快感レベルが下がっていく傾向が見られた、といいます。

もっとも生存期間が長かった「42日以内」のグループでも、不快感レベルが低い状態のまま最期まで保たれていたことが明らかになっています。

食べることや飲むことをやめた後、何もしないで自然に任せるのが安らかな最期を実現する、ということが証明されたと言ってもいいでしょう。

コロナ禍で無視されている「尊厳死」

１９９０年代になって、日本の医学界でも「尊厳死」の議論が活発になり、無理な延命はしなくてもいい、という流れになってきていました。

臨床医としての感覚を普通に持っていると、この患者さんに仮に人工呼吸器をつけたところで延命はするかもしれないけれど、回復する見込みはないだろうとわかるわけです。

そして、厚生労働省（当時は厚生省）も延命治療にこれだけ金がかかっていると先々大変だということで、尊厳死をすすめた。昔は国の財政が潤沢だったから、なるべく生かすというのが基本方針だったのですが、立ち行かなくなってきたから無駄な医療はやめましょう、ということになったのです。

でも、金がないから治療をやめる、とは言えない。だから、患者がかわいそうだ、人間としての尊厳を傷つけている、というふうに話をすり替えて、尊厳死を支持してきたわけです。

私が老人医療に携わるようになった1980年代から、すでに尊厳死のようなものはありました。家族に「人工呼吸器につなぎますか。どうします?」と聞いたら、「いや、そこまではいいです」みたいなやりとりがあったものです。

われわれ医療者も、家族から「もう年だから、これ以上無理はさせたくありません」と言われたら、人工呼吸器をつけたりはしなかった。医療も、このへんで手控えておきましょう、という塩梅があったのです。

ところが、コロナ病床ではそういう動きが全部吹き飛んでしまった。コロナ病棟では家族の意思も聞かないで、患者をECMO(エクモ・体外式膜型人工肺)や人工呼吸器につないでいる。「延命治療はかわいそう」論が出ていたのに、回復する見込みはないとわかっていてもつないでいる。

つまり、人はとにかく絶対にどんなことがあっても生かすんだ、という建前に逆戻りしたわけです。そうしないと、国民に自粛してくださいとは言えない。市民生活を犠牲にする言い訳が立たないからでしょう。

その結果、病床は逼迫し、呼吸器が足りなくなって、それがあれば救われるはずの命も救われないなど、いろんな問題が噴出した。ご家族も「呼吸器まではいらないです。本人は肺炎になったり、ほかの病気になったりしても呼吸器はつけないつもりでしたから」と言える機会を奪われてしまったのです。**コロナによって、望まない延命治療で「尊厳死」が無視されている、**という実情もあるのです。

死ぬまで自分の生き方をまっとうする「自尊死」

「口から食べることができなくなったら、胃ろうを造設しますか？」

「最期まで積極的に延命治療を行いますか？　それとも緩和ケアで残った時間を充実させて過ごしますか？」

このように尊厳死というのは人生の最期、それこそ死ぬ間際になってどうするかを問うものです。しかし、命を先延ばしにする治療をずっと続けて、死ぬ直前だけ尊厳死の議論を始められても、納得して最期を迎えられるでしょうか。

私は、もっと早い段階から、老後の生き方を高齢者が自分の意思で選ぶことで、やがて訪れる死を納得のいくものにできるはずだと考えています。

子どもたちを独立させて、親としての責任を果たした。会社も勤め上げた。そういう時期になったら、死ぬまでの10年か20年、あるいはもっとかもしれませんが、その間をどう生きるのか？

最期の瞬間を迎えるまでのタイムライン（時間の経過と道筋）を想定して、どんなふうに生きていくかを自分で決めれば、納得して死ねるかもしれない。たとえ自分が思ったように日々を過ごしていても、いつどこで何が起こるかわからないのが人生ですから確約はできませんが、少なくとも死を迎え入れやすいのではないでしょうか。

老人専門の精神科医の立場から数多くの高齢者に接してきて、長生きにこだわらず、楽しく生きている高齢者のほうが元気で、幸せそうに見えます。

必要以上に健康を気にして、医者にすすめられるままに何種類もの薬を飲んだり我慢を強いられたりする生活を良しとせず、死ぬまで自分らしい生き方をまっとうする。それを私は「自尊死」と呼んで、自ら「実験」しているのです。

少なくともリビング・ウイルは残しておく

「極上の死に方」といっても、人によってまったく異なりますし、それぞれのゴールまでの道筋もまるで違ってきます。

たとえば、子どもたちに迷惑をかけないで人生の終盤を送りたいと思うのであれば、老人ホームを探すことから始めるといいでしょう。死んだ後ちょっとでも名前を残したいという人は、遺言によって財産を特定の団体に寄付する「遺贈寄付」などのシステムについて勉強しておく。そんなふうに、それぞれが自分の理想の死に方を決めて、まず、それに必要な資料を探すことから始めるしかないと思います。

よく「孤独死」とか「孤立死」とか、一人で逝くことを世間では気の毒な死に方のように言うけれど、孤独を好む人もいるのです。孤独が好きな人であれば、好き勝手に生きて、心筋梗塞であれ何であれパタンと死んで、一カ月後に発見されたとしても、本人にしてみたらそれほど辛くないかもしれない。

伴侶を失って、やっぱり一人では寂しいというなら、新しいパートナーを探すか、老人ホームに入居するか、ということになるでしょう。

言い換えれば、自分はどんな末路をたどるのだろうと考えたときに、その想像のなかで避けたいこと、こうなるのだけは嫌だということを回避できる方法を考えたらいいと思います。

前にも言いましたが、自分の死にたいように死ねないというのは、やりきれないでしょう。そういう意味で、少なくとも終末医療に関する「リビング・ウイル（生前の意思）」だけは残しておいたほうがいいと思います。元気なうちに、どのような医療を受けたいかを自分自身で前もって考え、家族や周囲の人たちと共有しておくことが重要です。

リビング・ウイルを残すと言っても、具体的にどういうものを残したらよいのかイメージしづらい方もおられるでしょう。

ここに、「日本尊厳死協会」のホームページを参考にした、リビング・ウイルの一例を掲載しておきます。リビング・ウイルについて、詳細を知りたい方は、ぜひ同協会のホームページでご確認ください。

また、最期の医療ケアについてのより詳しい希望を残すこともできます。一例として、私のリビング・ウイルの表（77ページ）も掲載しますので参考にしてみてください。

ただし、延命治療は不要と決めていた人が、入院したらころっと変わることは多々あります。

「寝たきりになったら、鼻からチューブを入れられてまで生きたくない」と言い張っていたお年寄りが、いざそうなったときに「それでも生きていたい」とチューブを受け入れるケースを私はいくつも見てきました。

人間の心はころころ変わりますから、気が変わったらその都度、書き直してください。

「極上の死」への第1歩。リビング・ウイルをつくる

この事前指示書は、公益財団法人 日本尊厳死協会のHP（https://songenshi-kyokai.or.jp/living-will）より「リビング・ウイル―Living Will― 人生の最終段階における事前指示書」を引用しています（一部、省略・変更あり）。さらに詳しく知りたい方、実際に事前指示書・私の希望表明書を活用したい方は、必ず同HPをご確認ください。日本尊厳死協会への入会案内も載っています。

この書式を一つの参考に、あなたご自身のリビング・ウイルを作り、家族やまわりの方に自分の意思を伝えておくことも、「極上の死へ」の第1歩です。

リビング・ウイル ―Living Will―
人生の最終段階における事前指示書

この指示書は私が最後まで尊厳を保って生きるために私の希望を表明したものです。撤回もありえます。私自身が撤回しない限り有効です。

・私に死が迫っている場合や、意識のない状態が長く続いた場合は、死期を引き延ばすためだけの医療措置は希望しません。
・ただし私の心や身体の苦痛を和らげるための緩和ケアは、医療用麻薬などの使用を含めて充分に行ってください。
・以上の2点を私の代諾者や医療ケアに関わる関係者は繰り返し話し合い、私の希望をかなえてください。

私の最期を支えてくださる方々に感謝し、その方々の行為一切の責任は私自身にあることを明記します。

▼申込者　　　　記入日　西暦　　　年　　月　日

氏　名 （自筆）	フリガナ	生年月日　西暦　　　年　　月　　日 男・女
住　所	〒	電話 携帯
メールアドレス		

▼署名立会人
（私の意思でこのリビング・ウイルに署名したことを証明する人。適任者がいない場合は書かなくて良いです）

名　前		私との関係
連絡先		

▼代諾者
（私が意思表示できなくなった時に私の代わりに私の意思を伝える人。適任者がいない場合は書かなくて良いです）

1. 名前		私との関係
連絡先		
2. 名前		私との関係
連絡先		

私の希望は「苦痛を取り除く」ことと「病理解剖」

ちなみに、私のリビング・ウイルは、2023年3月の現時点での意思です。私は基本的に延命治療を望みません。

でも苦しいのは嫌ですから、呼吸が楽になるであろう酸素吸入は希望します。末梢静脈栄養や中心静脈栄養の点滴は、前述したように肺に水が溜まったら溺れたようになって辛いから希望はしません。

しかし、胃ろうはそういう心配がないから希望するかもしれません。意識がしっかりしていれば、という前提です。栄養状態が確保されると一応元気になるので、回復する見込みがまったくないとも言えません。

痛みがひどい場合は、緩和ケアを望みます。

死後の処理については、病理解剖は希望しますが、臓器提供はしません。献体

「リビング・ウイル―医療ケアについての私の希望」
延命治療、脳死、献体など原則医療に関すること

心肺停止の蘇生処置		
心臓マッサージ	希望する	**希望しない**
AED	希望する	**希望しない**
呼吸の延命処置		
気管内挿管	希望する	**希望しない**
酸素吸入	**希望する**	希望しない
気管切開	希望する	**希望しない**
人工呼吸器	希望する	**希望しない**
心機能維持のための処置		
昇圧剤	希望する	**希望しない**
強心剤	希望する	**希望しない**
補助循環装置	希望する	**希望しない**
ペースメーカー	希望する	**希望しない**
栄養・水分補給		
末梢静脈栄養	希望する	**希望しない**
中心静脈栄養	希望する	**希望しない**
経鼻栄養	希望する	**希望しない**
胃ろう	**希望する**	希望しない
その他の処置		
輸血	希望する	**希望しない**
人工透析	**希望する**	希望しない
緩和ケア	**希望する** (※ただし痛みが ひどい場合に限る)	希望しない
死後の自分の処置		
病理解剖	**希望する**	希望しない
臓器提供	希望する	**希望しない**
臓器提供意思表示カードの有無	有 ☐保険証 ☐運転免許証 ☐その他	**無**
献体		
献体登録について (注･献体を希望する人は事前の登録が必要です)	希望する	**希望しない**

本リストは『医師が教える幸福な死に方』(川嶋朗・著、角川SSC新書)の「書き込み式エンディングシート」を参考に作成

も乗り気がしない。

臓器提供は脳死と判断されたときにするわけで、心臓はまだ動いていて体温もある。家族がどう思うかわかりませんが、体は温かいのに臓器を取りますというのはあんまり気分のいいものじゃないと思います。知らない人の命より、私は自分の家族の気持ちのほうを大事にしたい。

献体は解剖実習のために遺体を大学に寄付するもので、遺体は解剖までホルマリン漬けにされます。病理解剖は、亡くなった直後に解剖して、本当の死因は何だったのかを医者が確認する作業です。

献体は以前はしたいと思っていましたが、少し前からアメリカではロボットやCGを使って解剖実習をやっていて、私はそのほうが正確だし、やり直しがきくから遺体よりも医学に役立つと思っています。

とはいえ、献体は火葬の費用を大学側が負担してくれますし、さらにお墓を用意し、供養までしてくれる大学もあるので、そういう特長を考えて献体をするのも一つの賢い手ではあります。献体を行うためには、生前から大学や関連団体に登録しておく必要があるので、興味があれば調べてください。

病理解剖の場合は、献体のようなメリットはありませんが、基本的に医学の進歩に寄与するのは病理解剖のほうです。解剖したら生前の診断と違っていることがあって、そこから医学的に何らかの発見がある。

私なんか、高血圧や糖尿病などいろいろ放置しているので、体のなかはどうなっているのか興味深い。人体実験をしているようなものですから、病理解剖され甲斐があります。

終活なんかいらない

自分が望む死に方をするために、必要に応じて、エンディングノートを書いたり、遺書を書いたり、断捨離をするのもいいでしょう。

しかし私自身は、死ぬ直前まで自分らしい生き方をまっとうしたいので、終活に時間を費やす気は毛頭ありません。

本音を言えば、終活なんてまったく必要ないと思っています。**終活するより、残りの人生を充実させたほうが断然いい。**どうせ老い先短いのだから、**葬式の準備をしたりエンディングノートを書いたりする時間があるなら、生きているいまをもうちょっと楽しんだほうがいい**んじゃないかと思います。

こんなことを言うと身もふたもないけれど、どれだけ用意周到にしていても、その通りに死ねるとは限らないのです。微に入り細をうがって自分の希望を伝えていたとしても、家族の協力が得られなかったり、望みが受け入れられる環境が整っていなかったりした場合は、思ったように死ねないし、運悪く、準備している最中に突然死んでしまうかもしれない。

どっちにしろ、人は死に方を選べるようでいて案外選べないものです。しかし、たとえ自分が納得できなかったとしても、結局は死ぬわけです。

だから、悲観的でもなく楽観的でもなく、**「どうせ死ぬんだから」と開き直って、死ぬ瞬間まで生きているいま、をとことん楽しみましょうよ。残りの人生、できるだけ命を輝かせて「極上の生き方」をしましょうよ、**と私はすすめたいのです。

3章

ヨボヨボ老人と元気ハツラツ老人の分かれ道

――「自分の生き方」は、医者ではなく自分が決める

80代からは老いの成り行きを味わう

「人生100年時代」という言葉が現実味をおびてきました。

いま日本には、100歳以上の人が約9万人います。2050年には、日本の女性の平均寿命は90年を超えるとも予測されています。

しかし、いまよりさらに若返りが進んで、寿命が延びていくわけではありません。栄養状態の改善はもうピークを迎えていますから、ここまで進んできた若返りも頭打ちになるでしょう。栄養状態の改善が老化を遅らせ、日本人の寿命の延びを牽引する時代は終わり、これからは医学の進歩によって、「死なない」から「より長寿」になるのです。

つまり、人生100年時代とは、老いを迎えてから死ぬまでの時間が長くなったということです。この引き延ばされた高齢期をいかに元気に楽しく、そして自分らしく生きられるか――。

私は、「老い」を2つの時期に分けて考えることがカギだと考えています。ざっくり言えば、70代は「老いと闘う時期」。そして、80代以降の「老いを受け入れる時期」です。

老いを受け入れるとは、老いるままにショボくれていくという意味ではありません。衰えを素直に認めて、それぞれに対応しながら上手に賢く生きようということです。

たとえば、耳が遠くなっているのなら素直に補聴器を受け入れる。そうすることで少しでも長く人との会話を楽しむことができます。補聴器を拒否して会話から遠ざかっていると、あっという間にボケたようになってしまいます。

杖にしても、シルバーカーにしても、拒否して転倒骨折ということになると、寝たきりに直結する可能性が高いし、歩くのが面倒になって外出しなくなると、歩行困難になるだけでなく、脳の機能低下にもつながります。

高齢者がもっとも嫌がるものの一つにオムツがありますが、日本製は吸収力がすごくいいので活動の幅が広がります。実は、私も愛用者の一人です。

数年前に心不全と診断されて、利尿剤を飲む羽目になり、トイレが近くなって困っていました。そこで思い切って長距離ドライブのときには、尿漏れパッド付きのパンツを使うようになったら、運転中に、また出張先でトイレを探し回らなくても済むようになり、安心してドライブできるようになりました。

素直に「文明の利器」を受け入れられるかどうかで、高齢者のQOL（生活の質）は大きく変わると思います。

どんなにあらがおうと、老いを受け入れざるをえない時期が、80代以降にやってきます。個人差はあっても、遅かれ早かれ必ずやってくるのです。そのときに、自分の老いをありのまま認めることができなければ、その後の10～20年を生きていくのはひどく辛いものになってしまうでしょう。

１００歳近くになると、寝たきりで老衰死するケースが一般的になります。だれもが高い確率で、穏やかな自然死を迎えることができるのです。80代以降は、**老いていく自然の成り行きを味わいながら、事故や大病で命を落とすこともなく、天寿をまっとうしつつあるからこそ、この老いを生きているのだ、と考えてもいい**のではないでしょうか。

ヨボヨボ老人と元気ハツラツ老人の分かれ道

一方、70代はまだまだ老いと闘える時期だと言えます。長い老いの期間を健やかに過ごすためには、脳の機能をいかに80代以降も保つか、同時に70代のときに持っている運動機能をいかに長持ちさせるかということが大切になってきます。

そのポイントとなるのが、70代の過ごし方です。

70代前半までであれば、認知症や要介護となっている人は1割もいません。ケガをしたり、大病を患ったりしていなければ、中高年の頃のように、たいていのことはできるはずです。努力すれば、効果も得られますし、日々の積み重ねが80代のあり方を大きく左右するものとなっていきます。

人生終盤の活動期と言える70代を努力して過ごすことで、身体も脳も若さを保つことができ、さらに要介護となる時期を遅らせることもできるのです。

がんの罹患率や死亡率、要介護になる率、あるいは認知症になる率を見てみると、70代で急増しています。元気に自立して暮らせる「健康寿命」を見ても、2019年時点で、男性が72・68年、女性が75・38年です。ヨボヨボしたりボケたりする高齢者と、元気ハツラツとした高齢者に分かれるのは、まさに70代と言えます。

80代になっても活力を保ちたい、生活の質を維持したい。体も動けるほうがい

いし、頭もはっきりしているほうがいい。そう思うなら、70代は老いと闘える最後のチャンスと心得てください。

とにかく動き、とにかく頭を使う

加齢とともに身体能力や脳機能が低下してくるのは間違いありませんが、そのスピードや度合いは人それぞれです。

同じ70代、80代でも、認知症が進んで会話もままならない人がいる一方で、これまでの仕事を続けられる人もいれば、ノーベル賞をもらって素晴らしいスピーチができる人さえいます。寝たきりになったり、日常の生活に介助が必要になったりする人もいれば、水泳やゴルフなどスポーツを楽しめる人もいます。

個人差の原因は、体や頭を使い続けているかどうかの違いです。しかも、高齢になればなるほど、その差は広がります。

若い人が骨折して1カ月ほど入院したとしても、骨がくっつけば歩けるようになります。たとえその間、寝たきりで何もせず、ぼーっとしていたとしても、IQがどんどん落ちてしまうということもありません。

しかし、70代後半ともなると、そうはいきません。骨折して入院し、本も新聞も読まず、1カ月も天井ばかり眺めて寝ていると、理解力が急速に低下して、ボケたようになってしまうこともめずらしくない。退院したものの筋肉が衰えて、その後まったく歩けなくなってしまうということもよくある話です。

頭や体を使わなかったときの機能低下は、高齢になるほど激しくなります。寝込むようなことがなくても、コロナ自粛のように活動的でない生活が長く続くと、足腰がかなり弱って、認知症も悪化してしまう。

それほど高齢者にとって、脳機能、運動機能を維持するためには「使い続ける」ということが重要なのです。

とにかく動く、とにかく頭を使う。身体と頭を使い続けることを心がけてください。**使えば使っただけ、老化を遅らせることが可能**です。

逆に、体が動かないとき、体調がすぐれないときに「もうだめだ」と落ち込むと、いよいよ体や脳の老化を速めます。**マイナス思考に陥りそうになったときは、「なんとかなるさ」とつぶやいてみる**といいでしょう。たったこれだけのことですが、脳内にドーパミンという「やる気ホルモン」が出ます。

脳は思いのほか単純にできていて、自分の言葉を信じる性質があるため「なんとかしよう」と奮起して、意欲が高まるのです。だまされたと思ってやってみてください。

医者に自分の生き方を決めさせない

70代以降は、医療との関わり方を見直すことも重要です。

現代医療では、患者さんが若かろうが年寄りだろうが、検査結果の数値をどうにかして「正常値」にしようとするのが大前提となっています。とくに血圧、血糖値、コレステロール値などについて、医者も患者も神経質になりすぎではないかというくらい正常値にこだわります。そして患者も医者の言葉を鵜呑みにする。

私から見ると、自分の体のことについて、医者の言葉を真に受けて、ひたすら指示に従うのは、他人に自分の生き方を決めさせているようなものです。

「医療の知識がないから」と、端《はな》から匙を投げるのではなく、検査の数値を正常化することにどれほどの意味があり、またデメリットがあるのか、医者と話し合う。それが「自分の生き方を自分で決める」ということだと思います。

確かに、若い世代や働き盛りの30〜60代くらいまでは、血圧、血糖値も正常値にしておいたほうが寿命も長く、生活習慣病にもなりにくい傾向にあるのは間違いありません。

しかし、70歳を過ぎた高齢者については、高い治療費や薬代を払って、血圧、血糖値の数値を無理やり正常化しても、寿命を延ばす効果があるかどうかは、はなはだ疑問です。

なぜなら、これらの「常識」は、「予防医学」に立脚したものだからです。もうすでに糖尿病や高血圧、動脈硬化などの症状が出ている70代、80代にとっては、大きな意味を持たない。それどころか、「常識」に縛られるとかえって健康をそこなうことがあるのは、あまり知られていません。

では高齢者が、血圧、血糖値、コレステロールなどの正常値にこだわるとどんなリスクがあるのか、かいつまんでお話ししていきましょう。

血圧は下げすぎると転倒リスクが上がる

高血圧自体は、いまでは動脈瘤でもない限り、よほどのことがなければ生命を脅かすものではなくなりました。高血圧が恐れられているのは、動脈硬化を進行させる危険因子だからです。動脈硬化が原因で引き起こされる脳梗塞や心筋梗塞などは、直接死につながる怖い病気であることは確かです。

ただ、一般に年を取るにつれて血圧は自然と高めに推移していく傾向にあります。加齢に伴う動脈硬化のため、血液が流れる血管の内腔が狭くなるので、血圧が上がるのは適応現象かもしれないのです。それに逆らって無理に「正常値」に近づけようとすると、逆に弊害が現れることが少なくありません。

たとえば降圧剤を飲むと、活力が奪われて身体がだるくなったり、頭がぼんやりしたり、足元がおぼつかなくなったりすることがあります。それでも、医者に「血圧は正常なほうが脳卒中を起こすリスクは低いのだから」などと言われて服薬を続けていれば、脳卒中ではなく、ふらついたことが原因で転倒することも考えられます。

脳卒中を起こすリスクとふらついて転ぶリスクを比べたら、転ぶリスクのほうがはるかに高い。しかも高齢者の場合は、骨折すると寝たきりになる可能性も高く、急速に認知症が進む場合が少なくないのです。

私が勤めていた浴風会病院と併設の老人ホームに入居していた高齢者を定点観測したデータがあります。

それによると、高血圧群（平均183／93㎜Hg）だけは生存率が低く、動脈硬化や脳梗塞の発症が多かったものの、正常血圧群（平均129／73㎜Hg）と境界高血圧群（平均150／80㎜Hg）とでは生存率・動脈硬化の発症に差がありませんでした。

要するに、上の血圧（収縮期血圧）を必死で129㎜Hg以下にしようが、降圧剤など飲まずに160㎜Hgぐらいの高めでほったらかしておこうが、それほど影響はないということです。

検査結果の「正常値」は、高齢者にとって、「絶対的な指標」にはなりえませ

ん。もしも血圧が高いと診断され、処方された降圧剤を飲んで、「頭がシャキッとしない」「体がだるい。買い物に行くのも億劫だ」などという症状が出るようなら、いわゆる正常値は、あなたにとっての異常値なのです。

血糖値を無理やり下げれば活力が失われる

高齢の糖尿病患者に薬やインスリンを使って、血糖値を正常値にしようとすると、明け方に低血糖状態になり、ボケたようになってしまうことがあります。浴風会病院で、脳の解剖に立ち会ってよくわかったことですが、高齢者は大なり小なり動脈硬化があり、血管の壁が厚くなっています。それにもかかわらず血圧や血糖値の正常値にこだわって、若い人並みに低くすると、脳にブドウ糖が行き渡らなくなってしまうのです。

アメリカの国立衛生研究所の下部組織が行った次の研究は、患者さんに正常値を強いることの弊害を、端的に示しています。

糖尿病患者約1万人を対象に、血糖の状態を示すヘモグロビンA1c（赤血球中のブドウ糖と結合したヘモグロビン。数値が高いほど糖尿病のリスクが高まるとされる）を、正常値から6％未満に抑える「強化療法群」と、基準をそれより緩めの7・0〜7・9％に設定した「標準療法群」に分けて調査したのです。

3年半に及ぶ観察の結果は、「強化療法群」が「標準療法群」より死亡率がずっと高いという、驚くべきものでした。

糖尿病の場合、無理やり数値を下げようとすると、低血糖を引き起こしやすくなり、心不全などの合併症リスクが高まることが知られています。そのため「強化療法群」で死亡率が上昇するのだと思いますが、いずれにせよ、**やみくもに正常値を追い求めることにはリスクがつきまとう**のです。

コレステロール値は高いほうががんになりにくい

血圧や血糖値に加えて、コレステロールも低いほうが良いというのが「常識」です。

確かに心筋梗塞や狭心症はコレステロール値が高いほど起きやすくなりますが、世界中で正常値よりも少し高めのほうが長生きするという疫学的なデータがいくつも出されています。

コレステロール値が高いほうが、免疫力が高く、がんになりにくいことがわかっています。コレステロールは、がん細胞のもとになる〝できそこないの細胞〟をやっつけてくれる「NK細胞」の重要な材料なのです。おそらくコレステロール値が高い人ほど免疫活性が良いのでしょう。

さらに、コレステロールは男性ホルモンや女性ホルモンをつくる材料になります。コレステロール値が高いほうが性ホルモンの分泌がいいので若々しさを保つことができるのです。

とくに男性は、男性ホルモンが不足すると、女性とくらべものにならないほど老化が進みます。性欲だけでなく意欲が衰え、筋肉量が減り、人づき合いが億劫になって、記憶力や判断力も衰えてしまうのです。

コレステロール値が低いとうつ病にかかりやすいという調査データもあります。コレステロールには、脳へセロトニンを運ぶ働きがあるため、血中で一定のコレステロール濃度が保たれていないと、セロトニンがうまく運ばれず、脳が機能しません。

実際に、多くの高齢のうつ病患者を診断してきて思うのは、コレステロール値が高い人のほうがうつからの回復が早く、低い人は回復が遅いということです。

血圧、血糖値、コレステロール値は、現代医療では三大悪のような扱われ方をしていますが、果たしてそれでいいのか。

ここで、1974～89年の15年間にわたってフィンランド保健局が、血圧、血糖値、コレステロール値などが高い40～45歳の男性1200人を対象に行った調査研究を紹介しておきましょう。

4カ月ごとの健康診断に基づいて数値が高い人には薬を処方し、塩分制限などの健康管理を厳しく行う「介入群」600人と、健康管理にまったく介入しない「放置群」600人に分けて追跡調査を行いました。その結果、がんによる死亡率だけでなく、心血管系の病気の罹患率や死亡率、それに自殺者数にいたるまで、「介入群」のほうが「放置群」より高かったのです。

こうしたデータを示すと、数値にこだわる大学病院の医師たちの一部は「でたらめだ」と反発しますが、批判をするなら、自分たちも長期にわたる追跡調査を行い、反証を示すべきです。残念ながら日本の医学部からは一つも反証は出ていません。

大切なのは、何が患者さんにとって有意義であるかを考え、それを治療に活かす努力をすることではないでしょうか。

そして、**有意義な治療法はどういうものなのかを考えることは、他人である医者ではなく、まずは患者さん自身が、自分ごととして考えるべきことなのです。**

ぽっちゃり小太りが一番長生きする

もう一つ、健康診断を受けると必ずチェックされるのが肥満度です。手っ取り早く判別する基準として、健康診断で、男性はウエスト85cm以上、女性は90cm以上で、かつ脂質や血圧、血糖値などの数値が基準値からはずれると、メタボ予備軍と呼ばれます。

適正体重の指標はＢＭＩという数値です。これは体重（kg）を身長（m）×身長（m）で割ったものです。適正体重のＢＭＩ値は22とされていますが、現実には、多くの調査・研究でＢＭＩが25を超えた人が一番長生きできるという結果が出ています。

日本でも厚労省の補助金を受けて行われた研究の結果、40歳の時点で平均余命がもっとも長かったのは、ＢＭＩが25～30未満の「太り気味」の人で、男性が41・6年、女性が48・1年でした。たとえば、身長１７０cmの人なら、72～86kgぐらいの人がもっとも長生きするということです。

反対に、もっとも短命だったのはＢＭＩが18・5未満の「やせ型」といわれるグループです。「やせ型」の人の平均余命は、男性34・5年、女性41・8年で、「太り気味」のほうが男性で7年、女性で6年も長生きすることが示されたのです。

実はこの前、認定医資格を保持するために内科学会の講習会に出たら、肥満がいかにいけないかについて講義をされたのですが、肥満の定義はＢＭＩ25以上だという。ＢＭＩ25～30未満の人が一番長生きしているというのに。しかし、内科の医者たちはそういう講習を受けないと、認定医を続けられないことになっているわけです。認定医になるために勉強する人のほうが、患者を早死にさせるような治療法を学んでいる可能性が高いのです。

もともとメタボ予防のためにダイエットするという考えは、1日平均3000キロカロリー以上もとっている欧米を基準としたもので、そのまま日本にあてはめるのは土台無理な話なのです。

重度の糖尿病などで、治療のためにどうしてもダイエットが必要な人は別として、**ほとんどの高齢者は「食べすぎ」よりも「食べなさすぎ」のほうが危ない**というのが私の見解です。

若い頃にくらべて体重が激増してしまいどうも体調が思わしくないという自覚

症状があるのなら、医者のすすめに従ってダイエットをしたり運動したりするのもいいでしょう。しかし、高齢者は安易に体重を落としてはいけません。

年を取ってからのダイエットは代謝を悪くし、老化を進行させます。体重を減らすために炭水化物、タンパク質、脂肪などを制限すれば性ホルモンや細胞膜の材料となるコレステロールが不足して体がしぼみ、脂肪があまりに不足すると、肌も弾力を失って老け込みます。

ぽっちゃりおじいさん、ぽっちゃりおばあさん、大いに結構。痩せすぎよりはぽっちゃりさんをおすすめします。

若い頃は、多少栄養が足りなくても体力でなんとか乗り切れますが、年を取って栄養不足になってしまうと、筋肉量が減って活力が低下するフレイルになるなど、寝たきりのリスクが高くなってしまうのです。

健康診断の数値と実際の健康はあまり関係性がない

では、なぜ医者は血圧や血糖値やコレステロール値を下げようとするのか？

すでにお話ししたように、アメリカの医療原則を適用しているからです。アメリカ人の死因の第一位は心疾患で、血圧や血糖値やコレステロール値を下げることが長寿につながると考えられています。

ところが、日本人の死因の第一位はがんです。がんで死ぬ人は、心筋梗塞で死ぬ人の12倍もいるのです。

アメリカ人とは疾病構造も食生活も体格も違っているのに、アメリカ型を採り入れている。おかしな話だと思いませんか？　しかし、それが日本の医療の現状です。

私は、そもそも健康診断は受けないほうがいいと思っています。

これはあまり知られていないのですが、健康診断で示される数値のほとんどは、「健常人《けんじょうにん》」（慢性的な疾患などを抱えていない人）の平均値を中心に据えて、上下95％の範囲に収まっている人の値を基準値とし、その範囲から高すぎたり低すぎたりして外れた5％の人を「異常」と判定するものです。

たとえばコレステロール値が異常としてひっかかったとしても、それは平均値から外れているというだけで、明らかに病気になるというエビデンスがあるわけではありません。

健康診断では50～60項目の検査をするのが一般的だと思いますが、そのなかで病気との因果関係が明らかなのは血圧や血糖値、赤血球数などせいぜい5項目ほどです。それ以外の項目の数値に関しては、よほどの異常値でない限り、将来の寿命に関係しているというエビデンスはないのです。

異常値と判定されても、その後、ほったらかしにしておいた人が心筋梗塞にならないのに、正常値だった人が、突然心筋梗塞になったりもします。それくらい**健康診断の結果と実際の健康状態がリンクしていない**のです。

そんな検査数値に一喜一憂するより、健康診断など受けないほうが精神衛生上も良いと私は思います。何より、**異常値と判断された数値を改善しようと努力することが、かえって健康を損ねてしまうことがあるというのが大問題**です。

私は、若い頃から健康診断は受けないほうがいいと思っていたので、職場の健康診断は上手に逃げてきました。もし受けていたら、30代から薬漬けになっていたでしょう。

本音を言えば、健康診断は病気ではない人を病気にしている面があります。血圧や血糖値が高いことがどこまで体に悪いのか、本当に治療が必要なのか、本当のところはわかっていないにもかかわらず、簡単に薬を出してしまう。健康診断は病気を見つけて薬を売りつけるための道具になっているという印象がどうしてもぬぐえません。

医者の言いなりになってはいけない

真面目な患者さんほど、医者に言われたとおりに薬を飲んで、正常値に戻せば元気になれると強迫観念のように思い込む傾向があります。しかし、医者の指示どおりに薬をきちんと飲むことが、かえって体をだるくしたり、せん妄（時間や場所が急にわからなくなる見当識障害や睡眠障害、幻覚・妄想などの症状を引き起こす精神障害）やうつにつながったりします。

むしろ、あまり必要のない薬は飲まず、体重を減らせとか、タバコはやめろとか、血圧は下げろとかいう医者の言いつけを守らなくても、そこそこ元気に、寿命をまっとうできる人はたくさんいます。

大事なのは数値よりも本人の主観的な体調です。**具合が悪くなると、きちんと体が教えてくれますから、「体の声」が聞こえたら、そのときに病院へ行けばいい。**大したことのない状態で病院に行くと、いろいろ検査された挙句、役に立つかどうかわからない薬を飲む羽目になります。**検査結果の数値にばかり頼っていると、肝心の「体の声」が聞こえづらくなってくる**気がします。

もし処方された薬を飲んで体の調子が悪くなったときに、担当医が、「正常値を維持したほうがいいのだから、ちょっとくらい具合が悪くても我慢してください」などと言うようだったら、はっきり言って、その医者に高齢者を診る資格はないというのが私の考えです。

つい最近、私がかかった医者も、さんざん数値の話をしていました。その先生は訪問医療を普段やっているから、話のわかる人だろうと勝手に期待して心不全の薬をもらいに行ったら、コレステロール値だの中性脂肪だの、血糖値だのがめちゃくちゃ高い、とお怒りになりました。

それで私が「おいしいものを我慢してまで長生きしたくないですから」と言ったら、あなたはまだ62歳だろうと説教を始めたわけです。そんなふうに、他人に生き方を強制する資格が医者にあるのか、と思わずにはいられない。

これは私の生き方であって、だれにも強制する気は毛頭ありません。検査データが正常なほうがうれしい人だっているでしょう。長生きにこだわらず好きなように生きるか、正常値を最優先して長生きするかは、人それぞれが決めること。しかし、医者の言いなりになっていては、その選択肢さえありません。

薬の副作用は高齢者ほど出やすい

年を取れば、一人でいくつもの病気を抱えていることが多く、病気ごとにそれそれの医者から薬を処方されるのはよくあることです。病気そのものを治療する薬のほかに、血圧、血糖値、コレステロール値をコントロールする薬や、別に困ってもいないのに骨粗しょう症の薬を追加されてしまったりします。

「食後のデザート」なんて冗談を言いながら、あちこちの病院からもらった薬を何錠も水で流し込んでいる高齢者はどこにでもいるでしょう。

私は基本的に、安易に薬を出すべきではないと考えています。

言うまでもなく、**100％安全な薬などありません。副作用がない薬などない**のです。一度に飲む薬の量や種類が多くなればなるほど、副作用の出る確率も高くなります。いろんなデータによれば、6種類以上飲むと副作用が急に増えるといわれています。

しかも薬の副作用は、若い人よりも高齢者のほうが出やすい傾向にあります。

高齢になるほど、薬を飲んだときの肝臓の代謝機能や、腎臓の濾過機能が落ちてくるので、薬が体内に残る時間が長く、飲み始めてすぐ副作用が出なくても、しばらくしてから思わぬ影響が出ることもめずらしくありません。多剤服用による腎機能障害のリスクも高まります。

検査や薬が「出来高制」だった頃は、医療を行えば行うほど病院の利益が増える仕組みだったので、病気を治すためだけでなく、万が一に備えてとか予防のためにとかいう名目でたくさんの薬が出されていました。いわば薬の押し売りです。

ところが、点滴や投薬をいくらやっても収入が同じ入院医療の「定額制」が導入されたために、ある老人病院は検査も薬も3分の1に減らした。その途端、点滴のしすぎや多剤服用のせいでぼんやりと寝たきりになっていた高齢者の大半が、意識もしっかりして歩けるようになったといいます。こういう事例が日本中の老人病院で頻発したというのですから、驚くほかありません。

その医者は、あなたの大事な命を任せるに足る医者ですか？

薬の副作用についてはほとんど話さない医者が多いのですが、疑問点は気後れせずに聞いておくべきです。ある程度聞き出しておけば、自覚症状が出てきたときにも冷静に対処できます。

うるさがるタイプの医者でも、こちらが録音したり、メモ帳に話を書き込む姿勢を見せると、多少は緊張して、かなりわかりやすく説明してくれることも多いはずです。

そして、**ときには薬を捨てる勇気も必要**です。

薬のなかには抗がん剤のように副作用が織り込み済みのものや、副作用が出ても飲み続けないと生命に関わる重要なものもあります。たとえば心不全の薬、抗パーキンソン薬、重度のうつの場合の抗うつ剤などは、勝手にやめてしまうと病気が悪化することが多いでしょう。

一方で、降圧剤など体に良いとされている薬でも、飲まなかったからといっていきなり調子が悪くなることはありません。「この薬を飲んでから調子が悪いんですけど」と訴えても、医者によっては、「それでも薬がちゃんと効いて血圧は正常になっているのだから」とやめさせてくれないことが多々あるわけですが、そこは年の功です。「年金があまり多くないもので薬代も痛いんですよ」とか何とか、適当なことを言えばいいと思います。

仮に、処方された薬が血圧や血糖値を下げて、心血管障害、脳血管障害のリスクを減らすことになるかもしれません。しかし、「体調が悪い感」が続く限りにおいては、免疫機能は必ず下がりますから、その分がんや感染症になりやすくなるくらいのことは少なくとも考えておいたほうがいいでしょう。

「いま飲んでいる薬はこういう副作用が出て調子が悪いので、同じような効果が期待できるものではっきりとしたエビデンスの出ている薬に変えてください」と要求したっていいと思います。アメリカ国立衛生研究所のホームページには、一般的に使われている薬や治療法のエビデンスが載っていますから、医者であればそのデータを読み取るくらいは簡単なはずです。

もし、それで担当医の機嫌が悪くなるようなら、大事な命を任せるに足る医者ではない、と見切ってしまったほうがいいと思います。

高齢になったら大学病院より地域の町医者

では、良い医者、良い病院を探すにはどうすればいいのか――。

私は高齢になったら大学病院より地域の経験豊富な町医者にかかることをおす

すめします。

大学病院では高度な専門治療が受けられ、あらゆる担当科がありますから、複数の病院をはしごする必要がなく便利です。大学病院を信頼し、通院している高齢者も少なくありませんが、高齢者にとって、大学病院がベストな選択とは言えません。

その理由は、前章でお話ししたように人間全体ではなく個別の臓器を専門に診る臓器別診療にあります。順天堂医院など、総合診療が充実している大学病院もありますが、ほとんどの場合、臓器別に専門分化されています。

中高年までの患者さんなら、臓器別の高度医療による治療は有効だと思います。実際、多くの難病患者さんたちが、専門性の高い臓器別診療のおかげで命をながらえてきましたから。

しかし、高齢者は一つの臓器だけでなく、複数の臓器にガタがきているのが普通です。

たとえば、高血圧でコレステロール値が高いうえに、軽い糖尿病も抱えているという人はめずらしくありません。その場合、循環器内科で降圧剤やコレステロール値を下げる薬を処方され、内分泌・代謝内科では血糖値を下げる薬を出される。尿もれが頻繁に起きてくれば、泌尿器科で膀胱収縮を抑える薬が処方されるでしょう。

ところが、前述したように、高齢になればなるほど多剤服用による副作用のリスクが高まっていく。

臓器別診療は、薬の副作用や自分の専門外の臓器疾患なども見極めて、患者さんの健康を総合的に考える、という診療にはなりにくいのです。

高齢者の治療に必要なのは、「臓器は診れども人は診ず」という臓器別診療ではなく、「この人には5つの疾患があるけれど、腎機能や肝機能も低下しているだろうから、優先すべき治療を踏まえて、服用する薬の数を減らそう」といったように、患者さんの年齢や体調、臓器疾患を全部ひっくるめて診ることができる総合診療です。

高齢になったら大学病院より、身体全体の状態を把握してケアしてくれるような町医者で経験豊富な人に診てもらうほうが、よっぽど元気が保たれると思います。

自分に合う良い医者の探し方

「良い医者」を見つけるのは簡単ではないかもしれませんが、端的に言うと、**心のケアをしっかり行ってくれる医者は信用していいと思います。**病気を治療するだけにとどまらず、患者さんの不安が消えたか、治療によって生活の質は向上したか、といった総合的な視点を持った医者こそ、本当の「総合診療医」です。

しかし、そういう医者が少ないのも事実ですから、複数の病院を回ってその手の自分に合う良い医者を探すしかありません。

私が思う**良い病院とは、「待合室の患者さんが元気な病院」**です。よく待合室に老人がたむろして社交場のようになっている病院があります。かたや、同じ地域にある同じような規模なのに、老人が寄り付かない病院もあります。

何が違うと思いますか？　私が見るところ、一番大きいのは医者の「人柄」の違いです。

社交場になる病院の医者は、老人に圧倒的人気があります。その人気も腕がいいということではなく、「話をよく聞いてくれる」とか「会うだけで元気が出てくる」といった理由なのです。

じっくり話を聞いてくれて、しっかり寄り添ってくれるかかりつけ医を見つけることができたら、しめたものです。もし、そのかかりつけ医の手には負えない専門治療が必要な病気になったら、かかりつけ医に適切な専門医を紹介してもらえばいいでしょう。

そして、**かかりつけ医は、何より「自分に合っている」ことが大切**です。診療も医者と患者の信頼関係のなかで行われるものですから、相性が悪いとどうしても良い診療ができません。**相性のいい医者を選ぶことが、そのまま心身の健康につながることも多い。いくら腕が良くても、会っているだけで気疲れするような医者は良い医者とは言えません。**

医者との出会いには運もあるでしょうが、運を高めたければ、場数を踏むことです。たくさんかかっているうちに、「この先生に会うと気持ちが楽になる」「相性がいい」とわかってきます。高齢者の場合、「本人だけの名医」が存在すると言っても過言ではありません。**できれば、病院に行くのが楽しみになるような気の合う医者なら最高**です。

がんになってもなるべく手術しない

高齢者が恐れる病気の一つは、やはりがんでしょう。1981年以来、日本人の死因のトップはがんであり、罹患率は70代から急増しています。

国立がんセンターの統計によると、60歳男性では7・8%、女性では12・4%なのが、70歳では男性21・9%、女性21・2%に増え、80代になると男性43・6%、女性32・8%に跳ね上がります。

しかし私は、高齢者には、がんはなるべく手術をしない、化学療法なども受けないことをすすめています。

私が勤めていた浴風会病院の病理解剖で、85歳を過ぎてがんのない人はいなかったとお話ししたと思います。死因ががんだった人は、そのうちの3分の1程度なので、残りの人はがんを知らないまま「飼っていた」ということです。高齢になるほどがんの進行は遅いといわれますが、確かにその傾向はあると思われます。繰り返しますが、そもそもがんというのは、手遅れになるまで自覚症状が出ないことが多いように、実はそんなに痛かったり苦しかったりするものではありません。いよいよというときまでは案外、普通に暮らせるものです。とくに高齢者の場合は、そういう印象があります。

私はこれまで高齢者でがんの手術をした人と、していない人を数百人単位で診ていますが、手術には成功しても、体力が低下しておいしいものも食べられずに痩せ細り、一気に見る影もなくショボくれたお年寄りになってしまうケースはめずらしくありません。

化学療法を受けても相当に体力が落ちて、亡くなるまで不調が続くということもよくあります。

高齢でがんになったら、かなり体力が衰えることを覚悟で手術を受けるか、それとも、がんと共生しながら栄養をつけ免疫力を上げて残りの人生を元気に暮らすか、をよく考えて選択することが重要です。

もう一つ、不安に振り回されるよりはソリューション（問題解決法）についての情報を集めることをおすすめしたい。

日本人はがん検診、健康診断は頻繁に受けるのですが、がんだとわかったら、どこの病院で治療を受けるかを下調べする人はほとんどいない。コロナも同じで、なったら怖い、怖い、怖いという予期不安ばかりがふくらむのです。

がんの手術を受けるにしても、体力を落とさないために、がんだけ切り取ってまわりの臓器は切らない手術をお願いする、という手だてもないわけではありません。しかし、それができる病院は、事前に探しておかないとまず見つからないでしょう。

先手を打っておけば、検診でがんを見つけた病院で、治療をすすめられ、不本意な医療を強制されるリスクは大幅に下がるはずです。何も調べず、ただ不安をふくらませるよりも、きちんと勉強し、解決法を探しておくほうが賢明です。

認知症は病気ではなく老化の一つ

「認知症にだけはなりたくない」「ボケたら終わりだ」と考えている人が大勢います。しかし、認知症の実態とは大きく異なります。認知症ほど誤解されている病気はないと思うくらい、正しく認識されていないのです。

これもまた無用な不安に振り回されないために、認知症についての正しい知識を身につけておくことが大事だと思います。

押さえておくべきポイントは2つ。認知症は老化現象の一つであること、そして老化だからゆっくりと進むことが多く、個人差も大きいということです。

3000人以上の認知症患者さんを診てきた経験をふまえて言えるのは、**認知**

症は病気ではなく、あくまで老化現象だということです。高齢になれば足腰が弱り、視力や聴力が衰えるのと同じことです。

私は数多くの高齢者の解剖結果を見てきましたが、85歳以上の高齢者で脳にアルツハイマー型認知症（脳の神経細胞が通常よりも早く減ってしまうことで認知機能が徐々に低下していく病気で、認知症のなかでもっとも多いタイプ）の変性がない人はいませんでした。

つまり、老化現象として脳の変性は避けられない。後は早く症状が現れるか、現れないかの違いだけです。

たとえ症状が現れたとしても、全員に徘徊や妄想が現れるわけではなく、まったく現れない人もいれば現れてもすぐに収まる人もいます。置かれている環境や周囲の接し方、あるいは本人の受け止め方によっても違ってくるのです。

学者や弁護士のような知的な職業に就いている人でも、実は認知症だったということが少なくありません。自分の専門領域の知識や過去から積み重ねて学習してきたことは忘れないからです。

政治家が現役中に認知症を発症していたというケースもあります。ロナルド・レーガン元アメリカ大統領は、退任してから数年後にアルツハイマー病を告白していますが、そのときの症状を見る限り、大統領在任中にすでに記憶障害くらいは発症していたと思われます。

「記憶にございません」を連発する日本の政治家も、後で認知症だったことがわかって、「ああ、やっぱり」ということになるかもしれません。

残念ながら、認知症は早期発見しても有効な治療薬はほとんどありません。一般論から言うと、認知症が早期発見されたら、運転をやめなさいと言われたり、孫の世話や店番などをしていた人がその役割を取り上げられたりして、かえって悪くなることが多い。認知症の早期発見、早期治療のために脳ドックを受ける人もいますが、害になるほうが大きいと思います。

みんなでボケれば怖くない

いま、日本にはテストをすれば認知症と診断される65歳以上の人がおよそ600万人いるといわれています。日本の人口の約5％、20人に1人です。85歳以上になると約4割、90歳以上では約6割が認知症になるといわれています。

認知症は長生きにつきものですから、さらなる高齢化や長寿化でますます多くなるのは間違いない。近い将来、認知症はありふれた現象になります。恐れることはありません。

老いればだれにでも訪れる症状の一つにすぎないのですから、老いを受け入れるつもりで認知症も受け入れてしまったほうがいいと思います。「認知症だったらどうしよう」と不安にとらわれて思い出せないことや忘れてしまうことばかり気にしていると、かえって脳の老化は進み、心まで萎えていきます。

脳の老化を防ぐには、脳を「使い続ける」ことしかありません。脳をちゃんと使っていれば、認知症になっても相当期間、日常生活は送れます。

・年を取れば認知症は避けられない

・でも、ゆっくりとしか進行しない

この二つの原則を認めたなら、「なったら、なったときのこと」と開き直るしかありません。

開き直って、同世代のボケ扱いされている老人同士で、おしゃべりを楽しむことです。

昔話ならいくらでもできます。名前なんか出てこなくても大丈夫。「ほら、アレだよ、アレ」「ああ、そうか、アレだったな」でも言いたいことはわかり合えるのですから、会話はいくらでも進みます。

明るい気分で感情を発散できれば、それだけでも前頭葉は刺激されます。笑いながら認知症予防ができるのです。たとえいつものおしゃべり仲間がそのまま全員、認知症になってもお互いに気づかず、楽しく過ごせます。

みんなでボケれば怖いことはありません。

高齢者専門の精神科医である私の経験から言えば、認知症がある程度進むと嫌なことを忘れるせいか、多幸的で明るい人が多い。たとえば老人ホームなどでも、患者同士でレクリエーションを楽しんでいたり、職員とニコニコしながら会話していたりします。**認知症は、それほど人に迷惑をかける老化現象ではないし、進行するほど、むしろニコニコ楽しそうに生きられる**のです。

ほがらかな認知症、愛されるボケ老人という高齢期は、それなりに幸せな人生のフィナーレになると思いませんか。

私が一番恐れている「認知症より怖いうつ病」

私が診ている患者さんの6～7割は認知症で、3割ぐらいがうつ病です。認知症は多幸的になる人が多いのですが、うつ病は悲観的で自分が人に迷惑をかけているという罪悪感に苦しんでいる人が多い。しかも毎日がだるく、食欲もなく、何か食べても味がしないという辛い症状も続く。

実は、高齢の患者さんを長年診てきた私が、もっともなりたくないと恐れている病気がうつ病です。

各種の地域住民調査によると、うつ病は一般人口の3％程度の有病率ですが、65歳以上になると、それが5％に上がります。

高齢になればなるほど、心と身体の結びつきが強くなります。つまり、心が弱ると身体も弱り、逆に身体が弱ると心も弱るのです。高齢者は身体はもちろん、心にもダメージを受けることが増えます。

仕事を失うこと、伴侶や兄弟姉妹、長年の友人との死別、老化による自信の喪失などストレスフルなことが容赦なく押し寄せる。そのうえに、年を取るほど神経伝達物質が減るので、うつ病になりやすいわけです。

これほど高齢者に身近なうつ病ですが、その怖さはあまり知られていません。うつ病になり食欲不振になると、高齢者は簡単に脱水症状を起こします。脱水すると血液中の水分が足りなくなって血液が濃くなるので、脳梗塞や心筋梗塞を起こしやすくなる。脱水症状があると免疫機能も落ちてくるので、肺炎も起こりやすくなります。うつ病になって体力を落として亡くなってしまうこともめずらしくないのです。

また、先ほど言った身内や親友との死別など度重なる喪失体験から、孤立感を深めて自殺する高齢者も少なくありません。

「うつ死」しないための処方箋

うつ病のまま死ぬというのは、なんとしても避けたいものです。

ただ、**うつ病は認知症とは違って、治療法がないわけではありません。薬が意外と効きやすい**のです。

うつ病は、若い人ほど心理的問題が絡むとされているので、若者には薬はあまり効果がありません。しかし、高齢者の場合は脳内の神経伝達物質であるセロトニンが減少し、それがうつ病を引き起こしていると考えられているため、セロトニンを補う薬を投与すると非常に良く効きます。

診察のとき、脳梗塞の後遺症で片麻痺があって手も震え、奥さんを亡くして「私はもう生きすぎました」などと嘆く高齢者を前にして胸が塞がる思いがするのですが、うつ病と考えて薬を出すと、「年を取るというのは、こんなものなんですね」と笑顔が戻り、食欲も復活して、驚くことがあります。

日頃からセロトニンを増やしておくことは、うつ病の予防にもなりえます。

たとえばセロトニンの材料であるトリプトファンが多く含まれる、肉や魚、大豆製品、乳製品、バナナなどを多めにとる。肉より魚や乳製品のほうがヘルシーだと考えられやすいのですが、コレステロール値が高い人のほうがうつになりにくいことが明らかにされていますし、高齢になれば動脈硬化の予防より心の健康を優先させたほうがいいという私の考えから、肉をおすすめしています。

高齢者は「足し算医療」で健康維持

私は多くの高齢者を診察してきて、年を取ったら、余る害よりも足りない害のほうがはるかに大きいことを知り、高齢者の健康維持には足し算が不可欠であると考えるようになりました。

高齢になればどうしても栄養が不足し、運動が不足し、性ホルモンが不足するなど足りないものがたくさん出てきます。

年を取れば取るほど、検査の異常値を叩いてその数値を下げる「引き算医療」より、その**足りなくなった必要なものを足し算することによって健康をキープしていこうというのが私の考える「足し算医療」**です。

脳内のセロトニンもそうですが、高齢者を要介護にしないための重要な要素として、とくに男性の場合は男性ホルモンを足す必要があります。

先に少しふれましたが、男性ホルモンが減ってくると意欲が落ちてきて、外出しようとしなくなるので要介護になるリスクが高くなります。記憶力、判断力も低下してきて、人づき合いがどんどん面倒になってきます。だから奥さんにだけベタベタくっついて濡れ落ち葉などと疎まれるようになるわけですが、人間関係が希薄になるとボケるリスクも高くなります。

そして、もう一つ重要なポイントは、男性ホルモンはドーピングにも使われたほど筋肉をつきやすくする働きがあります。同じように運動していても、男性ホルモンが多い人は筋肉がつくわけです。

ところが、年を取って男性ホルモンが減ってくると運動しているわりには筋肉がつかない。そうなると、筋肉量と筋力が低下する「サルコペニア」や、骨や関節にも障害が起こって歩行機能が低下する「ロコモティブシンドローム」など、フレイルの一種である運動機能障害を引き起こしやすい。

男性ホルモンを維持しておかないと、足腰は弱るわ、頭は弱るわ、意欲がなくなるわ、人づき合いが面倒になるわ、という、どんどんショボくれた孤独な老人への道まっしぐらです。

現実に私のクリニックの患者さんにも男性ホルモンを調べてみると足りない人がいっぱいいて、その人たちにおおむね注射で男性ホルモンを足すのですが、目に見えて元気になります。

75歳ぐらいの男性から、久しぶりに朝勃ちしましたとか、10年ぶりに風俗に行きましたなんて、メールが届いたこともありました。奥さんはどう思われるかわかりませんが、その方は奥さんが認知症になられてからずっと介護している人ですから、それくらいは許されてもいいんじゃないかなと私は思っています。いずれにしても、それほど元気になるということです。

肉を食べて、運動して、男性ホルモンを増やす

男性ホルモンを足すのに注射や薬は嫌だという場合は、まず、肉を食べましょう。肉に多く含まれるコレステロールは男性ホルモンの材料です。先に言ったようにコレステロール値が高いほうが、うつにもなりにくい。よく牡蠣やニンニクは「精がつく」と言われますが、実際に男性ホルモンを増やす亜鉛がたくさん入

っているので、ぜひ食事にとり入れてください。

また、男性ホルモンを増やすには運動をしたほうがいいといわれています。

そしてもう一つ、やっぱりエッチな動画を見ること、あるいは女性のいるお店に行くのがおすすめです。難しいかもしれないけれど、奥さんにバレないように気をつけて実行してください。

幸か不幸か女性は、閉経する時期になると男性ホルモンがむしろ増えるので、年を取って元気になる女性が意外と多い。人づき合いも盛んになるので、70代の団体旅行はほとんどが女性です。そういう意味では女性に生まれて良かったのかもしれませんが、ぜひ、男性ホルモンの重要性に着目して、ご夫婦で男性ホルモンを増やせるように協力していただきたいと願っております。

「病気のデパート」だけど、毎日楽しく生きている

そろそろ人生の終盤か、と思ったとき、死ぬまでの時間を過ごすプロセスで、一秒でも長生きしたいからご飯を半分にして、甘いものも食べずに頑張って体重を落とすのか、それとも後何年生きられるかわからないけれど、食べられる間は好きなものを食べたいのか。そこを自問自答してほしいと思います。

確かに内臓や検査数値だけを見るなら、内臓脂肪を減らすことが一見、正しいように思えるかもしれませんが、我慢してどれだけ長生きできるのかを冷静に考えてみてもいいと思うのです。

私はいま62歳ですが、老人専門の精神科医として働くなかで、「長生き」よりも「人生の楽しみ」のほうを選びました。そんな私が日々、実践している和田流健康法を紹介しておきましょう。

これまでの話でもうおわかりかもしれませんが、私は、血糖値、血圧、コレステロール、中性脂肪の数値のどれもが基準値よりかなり高く、現代医学においては、「病気のデパート」です。しかし、食事制限はいっさいしていません。老年医療に携わっていて「好きなものを食べて幸福感を味わうほうが、身体も心も老化させない」ということを学びましたから。

運動は毎日続けています。朝起きて原稿を書き始めると同時に20分間「シックスパッド」をつけて腹筋やウエストを刺激します。その後、振動マシンに10分間乗って体幹やインナーマッスルを鍛え、最後にスクワットを10回、たった1分間ほどですが続けています。

血糖値が660㎎／dlを超えたとき、インスリンの注射を打つのがどうしても嫌で、どうにか数値を下げる方法はないかとあれこれ探して、行き着いたのがこの朝の「3点セット」でした。

いくら数値は気にしないとはいえ、正常値の6倍以上に上がってしまうと弊害も出てきます。当時は薬もいろいろ試しました。でも結局、投薬では血糖値が下がらず、困っていたところに下半身の下肢の筋肉をつけることが有効だという論文を見つけて、日課として取り入れたら、血糖値を300mg／dl前後まで下げることができたのです。

1日にトータル30分のウォーキングも日課にしています。ランチに出かけるときや夕食を買いに行くときなどに分散して歩きます。下肢の筋肉が鍛えられるうえ、日光をたっぷり浴びると、「幸せ物質」とも呼ばれる神経伝達物質セロトニンの分泌が促されます。

繰り返しますが、**セロトニンが不足するとうつ病を引き起こしますから、気持ちが滅入っているときこそ、意識して太陽の下を歩くといい**ですよ。

薬は極力避けていましたが、急激な血圧上昇による心不全を防ぐために、降圧剤は何種類か服用してきました。血糖値は運動で下げられますが、血圧は薬を使わないと改善がなかなか難しい。食事のときに厳格な塩分制限をすれば下がるのでしょうが、好きなものが食べられなくなる方法は絶対に避けたかった。

食べ物といえば、朝食のヨーグルトに必ずターメリック、シナモン、コリアンダーをミックスしたスパイスをかけています。これらのスパイスはいずれも抗酸化作用に優れ、動脈硬化予防に良く、さらに血管の弾性を増す、つまり若返らせると聞いて、数年前から続けています。

スパイスと運動、薬の組み合わせで、以前は50代だったにもかかわらず80歳と診断された血管年齢が、実年齢よりやや高いものの、60代まで回復しました。

血圧も、薬によって一時は正常値の１４０㎜Hgまで下げたのですが、頭がふらついて力も出ない。いまは１７０㎜Hgぐらいでコントロールしています。標準よりも高いですが、私にとってはこの数値がもっとも調子よく過ごせます。

コレステロール値は300を切る程度で中性脂肪は600ほど。いわゆる正常値を大幅に超えていますが、これらは高いほうが健康にいいと信じているので、完全に放置しています。とはいえ、最近、中性脂肪が1000を超えるようになって、さすがに食生活に気をつけるようになりましたが……。

4章
極上の生き方は「死に場所」で決まる
——在宅介護より施設死をすすめる理由

男性は平均9年、女性は12年。生活上の支障が出る

ここで改めて、日本人の平均寿命と健康寿命を見てみましょう。まず平均寿命は、男性が81・47年、女性は87・57年（2021年）です。一方、心身ともに自立した生活を送れる「健康寿命」の平均は、男性が72・68歳、女性が75・38歳（2019年）で、その差は、男性約9年、女性約12年です。

「健康寿命」の定義は、WHOによると「健康上の問題で日常生活が制限されることなく生活できる期間」のことで、健康寿命を過ぎると、なんらかの健康上の問題で、日常生活に制限が生じます。その期間が、男性は約9年間、女性は約12年間あるわけですが、それがそのまま介護や公的な支援を受ける期間というわけではありません。もちろん介護や支援を受ける人もいますが、要するに「若い頃

より不自由になったと感じる期間」と捉えてよいでしょう。この期間がこれほど長いことに驚かれた読者の方も多いかもしれません。

言うまでもなく、これは統計上の数字にすぎません。前章で話したように70代以降は個人差も大きい。実際、90歳を超えても畑仕事をしながら一人暮らしを続けているすこぶる元気な高齢者も少なからずいます。

しかし、そういう人も含めて、だれでもいつかはだれかの世話にならざるをえないことも事実です。

年代別に見ると、要支援・要介護認定者の割合は、65～69歳では2・9％ですが、70～74歳は5・8％、75～79歳は12・7％。80歳以上になると比率はぐっと上がり、80～84歳では26・4％、85歳以上では59・8％となっています（厚生労働省「介護給付費等実態統計月報」、総務省「人口推計月報」の各2021年10月データをもとに公益財団法人・生命保険文化センターが作成したデータ）。

高齢者の場合、それまで元気に暮らしていても、うっかり転んで大腿骨を骨折し、1カ月寝ていただけで、まったく歩けなくなってしまうことはよくあります。「私だけは大丈夫」と高を括ってはいられません。

そこで、**どこを「終《つい》の棲家《すみか》」にするか、どこでどのように最期を迎えたいか、だれの世話になるのかも含めて決めておくことが、死ぬまでの「生」を充実させるためには重要**になってきます。

最期を迎えたい場所は自宅が6割、介護施設は3割

最期を迎える場所は大きく分けて、病院、介護施設、自宅です。特徴を簡単に説明すると次のようになります。

【病院】

医師や看護師が常駐しているため、いざというときにすぐ対応してもらえる安心感があります。しかし、延命のために無駄な治療を施される可能性が高いというデメリットもあります。延命治療を拒否するリビング・ウイルを書いていても、家族や医師としっかり共有されていないと、自分が望む死に方をかなえることはかなり難しいと言っていいでしょう。

また、介護施設のように生活を重視する環境ではないため、面会の人数や時間に制限があって、終末期に家族と満足に会えない可能性もあります。特にコロナ禍が続く現在はそうです。

【介護施設】

看取り介護に対応している施設であれば、そこで最期を迎えられます。

看取りというのは、治療による延命をせず、残された時間を充実させるために苦痛や不快感を緩和させつつ、最期の瞬間まで世話をすることです。

最近は、公的な特別養護老人ホーム（特養）や介護老人保健施設（老健）をはじめとして、民間の介護付き有料老人ホームや認知症対応型共同生活介護（グループホーム）、サービス付き高齢者向け住宅（サ高住）などでも看取りをしてくれるところはめずらしくありません。

介護施設の看取りは、介護スタッフのケアによって支えられています。終末期において、それなりに住み慣れた施設で顔なじみのスタッフに介抱してもらえるという安心感があります。

一方、ほとんどの施設では医師や看護師などの勤務は限定的であるため、夜間や緊急時に迅速な医療対応を受けることが難しいのがデメリットと言えます。

施設のなかには、いよいよ最期だというときに病院へ送る施設もあるので、確認が必要です。

【自宅】

住み慣れた環境で自由に過ごせて、最期を迎える瞬間は家族に看取ってもらえます。家族はもちろん、医師や看護師などの医療スタッフや介護スタッフ、ケアマネジャー（介護支援専門員）などの協力と連携が不可欠です。

看取りをしてくれる訪問看護も増えてきているので、おひとりさまでも在宅死は可能です。ただし、在宅看取りを希望している場合でも何かあった場合に救急車を呼べば、ほぼ100%、病院での延命治療に移行します。

2017年度の厚生労働省の調査では、約8割が人生の最期を「自宅」で迎えたいと答えています。

厚労省よりサンプル数は少ないものの、貴重な資料として参考になるのが、日本財団が2020年に行った「人生の最期の迎え方に関する全国調査」です。67〜81歳の対象者に調査を行ったところ、死期が迫っているとわかったときに人生の最期を迎えたい場所として、58・8％が「自宅」、次いで33・9％が病院などの「医療施設」と答えています。自宅を選んだ理由の多くは、「自分らしくいられる」「住み慣れている」からでした。

一方、避けたい場所として42・1％が「子の家」を挙げているのが興味深い。人生の最期をどこで迎えたいかを考える際に重視するのは95・1％が「家族等の負担にならないこと」だそうですが、子ども世代の35〜59歳の男女は、85・7％が「(親が)家族等との十分な時間を過ごせること」と回答。親子の考えにギャップがあることがわかりました。

人生の最期を「自宅」で迎えたいと答える人が多い一方で、実際には約8割の人が病院で亡くなっています。このことは、できるなら自宅で死にたいけれど現実問題としては難しい、という事実を表していると言えるでしょう。

まったく違う「在宅看取り」と「在宅介護」

「在宅死」と一言でいっても、2種類あります。

一つは、「在宅看取り」です。末期がんなどでもう治る見込みがなく、余命を宣告されているような病人を自宅で介護し、家族に見守られながら最期を迎えてもらおうというものです。

在宅看取りは、余命半年とか1年とか期限が決まっているうえに、本人にも意識があって会話もできますから、思い出もつくれるわけです。だから家族も本人もたいてい満足して最期を迎えることができます。

しかも、いま病院で終末期を過ごすことになると、家族にも会えずに死んでいくという悲惨な目に遭うかもしれません。コロナが流行りだして以来、ほとんどの病院では見舞いも許されず、コロナ患者だけではなくて、毎年100万人くらいの入院患者が家族に死に目にも会ってもらえないまま亡くなっていると推測されます。

その人たちは本当に浮かばれないと思います。人の尊厳というものを完全に無視されたわけですから。**人生の幕を下ろすときに、家族で思い出をつくったり、互いにお別れをしたりするのは、人間として当たり前の儀式**ではないでしょうか。

そういった意味でも、死期の迫っている病気であれば、自分の家で死ぬのがたぶん一番幸せな死に方だと私は思います。

もう一つの「在宅死」には、認知症や寝たきりの人を家で最期まで看る「在宅介護」といわれるものがあります。この**在宅介護については、期限がありません。**

どんな状態で、いつまで介護を続けていかなければならないか、まったくわからない。出口の見えないトンネルのようなものです。

最期まで家にいたいという願いをかなえてあげたいと在宅介護を始めた心優しい家族も、長引くにつれて、だんだん疲弊してきます。85歳を過ぎると約４割の人が認知症になりますから、認知症が進むと、どんなに手を尽くしても感謝もされなければ、オムツを替えるときに蹴飛ばされたりすることもあるわけです。

愛しているから最期まで大切に世話をしよう、苦労をかけたから親孝行しようと思っていても、その愛する人を嫌いになることだってあるのです。

国が在宅死をすすめる不都合な真実

介護が必要で、家では看きれないというような場合、１９９０年代半ばまでは「社会的入院」といわれる入院が当たり前にできました。入院の必要な病気がなくても長期入院することが可能で、実質的な介護は病院が担っていたのです。

ところが、医療財政が逼迫してきたことで、積極的な治療をしない老人病院の社会的入院は、医療費の無駄遣いだと非難されるようになりました。

また、必要もないのに点滴や薬を出して、高齢者を食い物に金儲けしようとする悪徳病院が摘発されたこともあり、どんなに治療をしても、あるいは治療しなくても、病院の収入が変わらない定額制が導入されたわけですが、長期入院については保険点数を減らす方針まで打ち出されました。

追い討ちをかけるように、従来型の老人病院は「介護療養型医療施設（療養病棟）」と呼ばれて、数がどんどん減らされ、2023年度末で完全廃止となることが決まっています。

一般に施設介護より在宅介護のほうが金がかからないと考えられていますし、そのほうが国や自治体としても出費が少ない。だから**政府が、在宅介護と在宅看**

取りを混同して「在宅死」という言葉を使い、なるべく金をかけなくて済むように在宅介護をすすめている、というのが現状です。

マスコミの人たちも、お忙しいのかもしれませんが、勉強していない人が圧倒的に多いために在宅介護と在宅看取りの区別がついていない。「やっぱり、死ぬなら在宅のほうがいいですよね」と、政府が金をケチるために始めた施策に乗って、それを美談に仕立て上げるわけです。

「在宅介護は日本の美風」なんて真っ赤なウソ

かつて、「在宅介護は日本の美風」と断言した日本の政治家がいました。この言葉にうなずいている人も少なくないのではないかと思いますが、実際には、「在宅介護」などという伝統は日本にはありません。

前述したように、日本人の平均寿命が50歳を超えたのは団塊の世代が生まれた

1947年のことです。戦前までの日本は、先進国のなかでもっとも短命な国でした。当然、在宅介護を必要とする高齢者の数も少なかった。要介護状態まで長生きできる人は3%程度だったでしょう。

つまり日本は、そもそも「在宅介護は日本の美風」と言えるような状況ではなかったのです。

昔の日本人が短命だった原因は、結核などの感染症が多く、それを克服できていなかったこと、さらに庶民の栄養・衛生状態がいまとはくらべようもないほど劣悪だったことが大きかったからです。

言い換えれば、長生きをするには衛生状態の良い環境で暮らし、栄養状態も良くなければならない。この条件を満たすことができるのは、経済的に余裕のある家庭だけでした。要するに長生きできる人のほとんどが金持ちだったわけです。

親が長生きするような家庭には、たいていお手伝いさんがいました。戦前から戦後間もない時期は救貧福祉もほとんどなかったので、兄弟姉妹の数が多い貧しい家庭では食い扶持を減らさないとやっていけなかった。当時は、女性の働き口が少なかったために、いろんなつてを頼って金持ちの家にお手伝いさんとして住み込みで働く女性が多かったのです。

戦後の日本でも1950～60年代くらいまで、中流階級以上の家庭では当たり前のようにお手伝いさんを雇っていました。60年代後半に「コメットさん」という住み込みのお手伝いさんが活躍するテレビドラマが子どもたちの人気を集めましたが、コメットさんを雇っていた家庭は会社員の夫に専業主婦と子どもが二人だったと記憶しています。

そういう家庭では、要介護の高齢者がいた場合、当然、お手伝いさんが日常の世話をしていたはずです。家族と一緒に暮らしている人が世話をしてくれる安心感もあるし、住み込みだから時間帯を気にする必要もない。

もうちょっと金持ちの家になると、複数のお手伝いさんがいるのはめずらしくなかったので、両親とも寝たきりになったとしても、介護を専門にするお手伝いさんを雇うことだってできたでしょう。当時の中流家庭以上の主婦はいまとはくらべものにならないくらい楽ができたのです。

こうして社会状況を振り返ると、家族が切羽詰まった状況で在宅介護をするほかなくなったのは、社会的入院ができなくなった後のここ20年から25年のことだとはっきりわかります。在宅介護は日本の伝統だの、美風だのと口にする人は、事実をまったく知らずにものを言っているとしか思えません。

罪深いのは、ありもしない幻想を押しつけたせいで、親を施設介護にゆだねている人が深い罪悪感や後ろめたさを負わされてきたことです。

介護に疲れて施設にあずけたいと切望している人も、まわりから「さんざん世話になった親を見捨てるつもりか」などと言われれば、返す言葉がなくなってしまう。そうやって、介護する人たちを追い詰めてきたのです。

私が施設介護をすすめる理由

認知症や寝たきりの親、あるいは配偶者の介護をするのが大好きで、それが生き甲斐だ、という人以外には、私は在宅より施設介護をおすすめします。

少なくとも、義務感で在宅介護を選ぶのはやめたほうがいい。

「自分の親だから子どもが面倒をみるのは当たり前」

「縁あって連れ合いになったのだから、最期までちゃんと世話をしたい」

といった感情的な動機だけで介護をしても、長くは続きません。症状が軽いうちはなんとか乗り切れても、重症化してくると愛情だけでは対応できなくなってきます。

私の患者さんのなかに、こんな女性がいました。

夫が一人っ子ということで、姑の介護をすべて一人で背負い込んでいました。生真面目な性格で、何もかも自分で完璧にやらなければいけないという思いが強く、やがて介護うつのような状態になって、私のカウンセリングを受けにきたのです。

結果的に、多少は人に任せたほうがいいと思えるようになって、夫婦で相談したうえで、姑をある病院に入院させた。ところが、その病院がひどいところで、姑はさまざまな薬を与えられて、ほとんど眠ったような状態になってしまい、結局、入院して2カ月も経たないうちに亡くなってしまったそうです。

すると今度は、夫のほうが、ひどい病院に入れたせいで母親を殺してしまったという自責の念にさいなまれ、うつになってしまったのです。

もしもこの夫に兄弟姉妹が何人もいたら、結果はもっと違ったものになっていたでしょう。

人手が多ければ多いほど介護する側もされる側も、少ない負担で満足度の高い介護を実現しやすくなるものです。ところが兄弟姉妹が少なければ、介護にまつわる肉体的・精神的・金銭的な負担が一人か二人しかいない子どもに重くのしかかってきます。

介護は一人で抱えきれるほどなまやさしいものではない

兄弟姉妹がいても、遠く離れて住んでいたり仕事が忙しくて介護に参加できなかったり、あるいは親のことなど気にも留めていなかったり、とさまざまな理由で、たった一人の子どもが親の世話をしているケースも多いようです。

65歳以上の親や連れ合いを65歳以上の子どもや配偶者が介護している老老介護

も増えています。

しかし介護は一人で抱えきれるほど、なまやさしいものではありません。それが介護離職や介護うつ、虐待、ときには殺人という悲劇を生み出す原因となっていることからも容易に想像がつくでしょう。

在宅介護をしている人を調査したら、老人虐待をした経験があるという人が4割にも上っています。身内だから相手のことは自分が一番わかっていると思っていますが、認知症が進んでくるとなかなかそうはいかない。

「今日の夕飯は何？」と聞かれて答えたのに、すぐにまた同じことを聞かれる。何度も言い聞かせたのに忘れたり失敗したり、これも嫌だのあれも嫌だのと言われたりしたらついカッとなってしまいます。

しかし、施設のスタッフは介護のプロだから、そういうことには慣れているので腹を立てない。老人の扱いに長けていますから、介護される本人も不機嫌にならないで済むというメリットがあります。**身内は介護される側の精神的なケアに重点を置き、その性格に応じた介護の仕組みづくりに専念したほうがずっと合理的ですし、**お互いが良好な関係でいられます。

施設に入ると、報道されているように、ひどい扱いを受けたり虐待されたりするのではないかと心配されるかもしれませんが、ごくたまにあるケースだからこそ、テレビで取り上げられるのです。

先に紹介した日本財団の「人生の最期の迎え方に関する全国調査」でも、親と子の考えにギャップがあることが明らかになっています。

家族がひたすら身を削り、仕事をなげうって、在宅介護にこだわり続けるのが大事なのか。プロに面倒をみてもらい、身体も心もできるだけ快適に保ちながら、時々会いに来る家族と笑顔で会える状態がいいのか。

元気なうちに自分自身の老い先について考えてみるとともに、介護と看取りに

ついて家族で十分に話し合っておく必要があるでしょう。

「介護保険制度」を知らないと老後、大損する

介護を必要とする高齢者の増加や核家族化の進行、介護による離職が社会問題となるなかで、家族の負担を軽減し、介護を社会全体で支えることを目的に創設されたのが、2000年4月に始まった介護保険制度です。

その後、お金がかかりすぎるということで変節してきましたが、それについては後でお話しするとして、この制度によってさまざまな介護サービスが受けられるようになりました。

そのおかげで仕事を続けられているとか楽になったという家族が増えています。昔であれば、認知症と診断されたら家に閉じ込められていた高齢者が、デイサービス（施設に通い日帰りで受ける介護サービス）を使うことによって、認知症の進行が

遅くなっているのも事実です。

そして何より、施行から20年以上が経っていますから、スタッフたちの要介護高齢者に対する接し方が格段にうまくなってきています。それはもう見事です。プロとはこういうものだと感心させられることが多く、おそらく家族ではまねができないと思います。

ところが、すでに20年以上も経っているのに、この制度について名前くらいしか知らない人が多すぎる。**いまはまだ元気でも、老後の人生設計を立てるうえで「介護保険制度」は欠かせない制度**です。

そもそも老後についてだれもが一番不安に思うのは、介護の問題でしょう。「配偶者が認知症になったらどうしよう」「親の介護はどうしよう」「自分が寝たきりになったらどうしよう」と考えない人はいないはずです。

少なくとも老いの入り口に立ったら、介護保険制度の概要だけでも押さえておいてください。市役所や区役所に行けば、介護サービスについてコンパクトにまとめたパンフレットを手に入れられますし、ネットで検索すればいくらでも情報は収集できます。

大まかに言うと**介護保険は、40歳以上の国民が保険料を支払い、65歳以降、支援や介護が必要になったときに給付やサービスを受けられる制度**です。

介護保険サービスを受けるためには、まず市区町村の窓口で要介護認定の申請をしなくてはなりません。その後、市区町村の職員などの訪問聞き取り調査とかかりつけ医の意見書によって、要介護度が決められます。要介護度は、軽い順から要支援1~2、要介護1~5の7段階に区分され、要介護度に応じて月々いくらまでのサービスが受けられるという仕組みです。

在宅介護の場合、利用できる主なサービスには次のようなものがあります。

自宅に訪問してくれるサービスとして、「ホームヘルプサービス（訪問介護）」「訪問入浴」「訪問看護」「訪問リハビリ」「夜間対応型訪問介護」「定期巡回・随時対応型訪問介護看護」。

施設を使用するものに「デイサービス」「デイケア（通所リハビリテーション）」、「ショートステイ（短期入所生活介護）」などがあります。

また、車椅子や介護ベッドなどの福祉用具の貸し出しもあれば、全額ではないものの、自宅における手すりの取りつけや、段差の解消、床材や扉の変更にかかる住宅改修費の支給もあります。

もっとも軽い要支援1でも週2回まではヘルパーさんに来てもらえるので、食事の用意や掃除・洗濯をお願いすることが可能です。

月に利用できるサービスの限度額（2023年3月時点）は、要支援1の場合は5万320円。要介護1は16万7650円、要介護3は27万480円、そして要介護5は36万2170円です。なお、所得に応じて1～3割は自己負担になります。

施設に入った場合でも、要介護度によって介護保険が適用されるため、少ない自己負担額でサービスを受けることができます。たとえ民間の介護付きマンションに入ってから要介護5になったとしても、25～32万円は国から介護費用が支給されるわけです。そのため、以前より自己負担の月々の費用はずっと安くなっています。

「寝たきりになったらどうしよう」などと、いたずらに不安をふくらますのではなく、できる限りの情報を集めたうえで、賢く「終の棲家」を考えてください。

老人ホームは入居条件も費用も介護サービスも違う

ひと口に介護施設と言っても、一覧表「介護施設の種類―運営主体、条件、特徴、費用の目安―」（P170～171）のようにさまざまな種類があります。運営主体や規模、内容が違うだけでなく、入居条件や費用などが大きく違います。

介護保険が適用される公的な施設には、少ない費用負担で長期入所できる「特別養護老人ホーム（特養）」をはじめ、介護と医療の両方を提供する「介護老人保健施設（老健）」や、老健より要介護度が高く長期の医療を必要とする人を受け入れる「介護療養型医療施設（療養病床）」などがあります。

ただし、前述したように「介護療養型医療施設」は2023年度末の廃止が決まっており、代わりの施設として「介護医療院」ができ始めています。

民間企業、社会福祉法人、地方公共団体、NPO法人などによって運営される地域密着型の「認知症対応型共同生活介護（グループホーム）」は、要介護5までの認知症の人が小規模な施設で共同生活を送る介護施設です。

軽費老人ホームは、A型・B型・C型があり、住宅や家族の事情などの理由で自宅で生活するのが難しく、かつ自分の身のまわりのことができるか要支援程度

特徴	費用の目安
介護と生活支援。リハビリ。終身利用が可能。医師は非常勤が一般的	多床室：約11万円。うち居住費は約３万円※ ユニット型個室：約14万円。うち居住費は約６万円※ ※収入によって食費、居住費の減免可能
介護と生活支援に加え、医療ケアやリハビリで比較的短期間の在宅復帰を目指す。常勤の医師を配置	同上
2018年４月創設。長期療養が必要な人を受け入れ、医療ケア、リハビリ、介護、生活支援を行う。常勤の医師を配置。医師が24時間常駐する施設もある	同上
家庭的な環境と地域住民との交流の下、１ユニット５～９人で介護スタッフとともに共同生活。介護、生活支援、リハビリなど	約12万～19万円程度。入居一時金が必要な場合あり
Ａ型＝食事の提供あり、生活支援 Ｂ型＝自炊、生活支援 Ｃ型(ケアハウス・一般型)＝食事の提供あり、生活支援 Ｃ型(ケアハウス・介護型)＝食事の提供あり、介護、生活支援	Ａ型＝約６万～17万円(収入による)。入居一時金が必要な場合あり Ｂ型＝約３万～５万円(収入による)。入居一時金が必要な場合あり Ｃ型＝約６万～17万円(収入による)。入居一時金が必要な場合あり
介護、生活支援、医療ケア、リハビリ	約15万円～。入居一時金が必要な場合あり
生活支援。介護は外部のサービスを利用	約12万円程度。施設によって差が大きい。入居一時金が必要な場合あり
生活支援。レクリエーションや娯楽設備が充実。介護が必要になったときは退去	約十数万円～。入居一時金が必要な場合あり
安否確認(状況把握)と生活相談サービス付き。一般型では、介護は外部サービスを利用。介護型では、介護職員や看護師が介護、医療ケアを提供	約12万円程度～。入居一時金が必要な場合あり

介護施設の種類―運営主体、条件、特徴、費用の目安―

施設種類		運営主体	入居／入所条件
介護保険施設	特別養護老人ホーム（特養）	社会福祉法人、地方公共団体	要介護３～５、65歳以上
	介護老人保健施設（老健）	医療法人、社会福祉法人、地方公共団体	要介護１～５、65歳以上
	介護医療院	医療法人、社会福祉法人	要介護１～５で医学的管理が必要な人。65歳以上
認知症対応型共同生活介護（グループホーム）		民間企業、社会福祉法人、医療法人、NPO法人、地方公共団体	要介護１～５で認知症の人。65歳以上
軽費老人ホーム		社会福祉法人、医療法人、地方公共団体、民間企業	A型＝自立～要支援程度で共同生活に適応できる60歳以上 B型＝自立～要支援程度で共同生活に適応できる60歳以上 C型（ケアハウス・一般型）＝自立～要支援程度で共同生活に適応できる60歳以上 C型（ケアハウス・介護型）＝要介護１以上、共同生活に適応できる65歳以上
有料老人ホーム	介護付き有料老人ホーム	主に民間企業	65歳以上。介護専用型は要介護１～５、混合型は自立、要支援の人も可
	住宅型有料老人ホーム	主に民間企業	60歳以上。自立から要介護５まで幅広く受け入れ可能
	健康型有料老人ホーム	主に民間企業	自立している60歳以上
	サービス付き高齢者向け住宅（サ高住）	主に民間企業	60歳以上または要支援・要介護認定を受けた60歳未満。一般型は自立から軽度の介護が必要な人、介護型は自立から要介護５までの人が対象

※費用の目安は『サンデー毎日』2022年12月４日号、96～97pの表「介護施設の種類と特徴、費用など○メリット×デメリット」より引用した（一部改変、編集部調べ）。費用については介護度や負担割合、事業所によって異なるため、表にある「費用の目安」はあくまで参考程度に。詳しくは各施設や担当ケアマネジャーに問い合わせを。

の60歳以上、あるいは要介護でも共同生活に適応できる65歳以上の人が入居する施設です。ここでは、食事（B型は自炊）や生活支援サービスを受けることができます。運営主体は社会福祉法人や医療法人で、公的側面が強いこともあり、その名のとおり比較的安く生活できるのがメリットです。

主に民間企業が運営する有料老人ホームは、「介護付き有料老人ホーム」をはじめ、介護の必要がない人から要介護5の人まで幅広く入居する「住宅型有料老人ホーム」、介護の必要がない人を対象にした「健康型有料老人ホーム」、そして「サービス付き高齢者向け住宅（サ高住）」などがあります。

「サ高住」には「一般型」と「介護型」があり、一般型で介護を受ける場合は、外部事業者による居宅サービスを利用します。介護型（特定施設）の場合は、担当の介護職員が介護サービスを提供します。

サ高住は自由度が高く、のんびりと老後を暮らしたい人におすすめの施設ですが、費用が高いのがネックです。

しかも、有料老人ホームのほとんどは「利用権方式」であり、何億円も払って超高級老人ホームに入ったとしても、入居者には所有権はありません。この点はぜひとも知っておいてほしい。当然、転売することも子どもに相続させることもできません。

また、基本的に自立の人を対象としている施設は、通常、介護が必要になると退去しなくてはいけないので、注意が必要です。

「終の棲家」は情報収集と体験入居で慎重に選ぶ

介護保険制度がスタートしてから20年以上経っても、特養の待機者数は全国で約27万5000人に上ると報告されています。公的なホームの不足を補うように、介護付きの有料老人ホームが雨後の筍のように各地に見られるようになりました。

内実はさまざまで、たとえば昔、精神病院だったところを介護施設に転換している場合もあります。そういう施設のなかには、昔の文化がしみついていて、患者さんを粗末に扱うのが当たり前になっていたり、高齢の入居者に向かって○○ちゃんなどと呼びかけたりするところもあります。特養でも、そういったおかしな施設はいっぱいあります。

もちろん高齢者の気持ちに寄り添った介護をしているちゃんとした施設もたくさんあります。

たとえばベネッセの福武總一郎さん（現・名誉顧問）は教育産業で手腕を発揮されていたのに、年を取るにつれて自分にとって理想の介護施設をつくりたいと考えるようになり、介護事業に参入したと聞いていますが、私が知る限り従業員をしっかり教育されています。

病院で死ぬのは嫌だから施設死を選んだのに、入居者の具合が悪くなっていよいよとなると、ほぼ自動的に病院へ送る施設もあります。これも施設の文化やオーナーの意向によります。施設にしてみたら、看取りをするより病院に送ったほうが面倒くさくないのは確かです。しかし、入居者が病院で薬漬け、点滴漬けにされるよりは、われわれが看取ったほうがいいと考える施設もあるわけです。

ひと口に介護施設と言っても、良い施設もあれば良くない施設もある。まさに、玉石混交です。

終の棲家を老人ホームにすると決めたら、ネットでもパンフレットでも口コミでもいいから、できるだけ多くの情報を集めて、希望に近い施設をピックアップする。調べられない部分は、直接施設に問い合わせたり見学させてもらったりするといいでしょう。民間の施設の場合、「体験入居」というシステムがありますから、それを必ず利用することをおすすめします。

どの施設も、たいてい1泊2日から1週間程度の体験入居を受け入れています。

できるなら1週間体験入居してみて、食事がおいしいのか、スタッフの対応はいいのか、入居者のなかに嫌な人はいないか、などと気になることはすべてリサーチすればいいでしょう。居室や共有スペースの広さ、持ち込める私物の量、お風呂などの設備もチェックしておきたいものです。

最期まで人生を楽しむための終の棲家です。死ぬときに後悔しないためには、入念なチェックを必ずやるべきだと思います。

認知症になったら症状が軽いうちに施設を決める

早めに生活の拠点を老人ホームに移すという考え方もあります。毎日、食事が出ますから、そこから仕事に出かけたり、老人ホームのレクリエーションで麻雀を楽しんだりするのであれば、60代でも早くはないのです。

でも、周囲がかなり高齢ですからうまくつき合えないという人もいるでしょうし、体が動くうちはスタッフが親切すぎるとうるさく感じることもあるでしょう。だから、自分がそろそろ弱ってきたなと思うくらいのときに選択したほうがいいかもしれません。

ただし、**認知症になったら、症状が軽いうちに老人ホームを選んでおくことをおすすめします。前向きな気持ちで見学や体験入居をして、やりたいことを自由にやらせてくれる施設を探すといい**でしょう。そうして自分の希望を明確にしておかないと、症状が進んだときに家族が見つけた適当な施設に入れられてしまうことになります。

早めに施設に入れば、家族が自分のことを嫌いにならずに介護を終えることができます。いつまでも住み慣れた自宅で家族と一緒に過ごしたい、という気持ちは認知症になっても変わりません。しかし、症状が進むほどに家族の介護の負担は重くなっていきます。

繰り返しますが、愛している親だから、あるいは伴侶だから最期まで面倒をみようと思っていた家族でも、日常生活に支障が出るようになり、暴言を吐かれたり、「私の財布を盗んだ」とか言われたりすると、だんだん嫌いになってしまいます。病気とわかっていても、相手が愛する人であっても、心の許容量を超えてしまえば嫌いになってしまうものです。

さらに言うと、認知症の親や伴侶を嫌いになってしまった家族は、身体だけでなく精神的にも大きな負担を抱え続けることになります。嫌になる前に別々に暮らせば、その後もお互いの関係性が良好なまま保てるのです。

地方移住はあまりおすすめできない

特養は、自治体や社会福祉法人が運営する要介護度の高い人を対象とした施設です。公的資金が入っているため利用料金も比較的リーズナブルで、原則的に最期まで介護を受けられ、サービスの内容やケアも手厚く安心して入居できることから人気を集めています。

特養に関しては、確実に都会より地方のほうが探しやすいと言えます。都会では2〜3年待ちですが、地方だとすぐに入れたり、部屋も個室になっていたりする場合が少なくありません。

なぜかと言うと、介護保険が全国一律料金になったからです。

医療保険の場合はもともと全国一律料金ですから、地方でも都会でも、たとえば盲腸の手術を受けたら同じ料金です。ということは、人件費も土地代も安い地方の病院のほうが儲けが大きいわけです。だから地方には、大学を新設するほど大儲けしている病院もあります。

ところが都会だと赤字になってしまうので、差額室料を取るなど工夫はしているものの、儲からない。だから特養の新設もなかなか進まなくて、都会ではだいたい2~3年待ちになっているわけです。

もし地方に実家があったら、帰省したときに特養を探せばすぐに入れる可能性は高いと思います。兄弟や親戚がそのへんに住んでいるのであれば、しょっちゅう見舞いに来てもらえるし、入居者に幼なじみがいればまた楽しく過ごせるかもしれない。そんなUターン戦略も考えられます。

体が自由に動かなくなった場合は地方の施設がいいと思いますが、いま流行りの地方への移住は、慎重に考えたほうがいいでしょう。

政府が、75歳以上の人の運転免許証をできるだけ取り上げようとしているので、取り上げられたら、移動手段のないところでは買い物にも行けないし、行動範囲がすごく狭くなって、辛い生活になるかもしれません。動けなくなると、認知症も進みます。

だから日本政府が老人いじめの政策をやめるまでは、高齢者に移住など安心してすすめられません。

ケアマネは介護の要。ケアマネ選びは慎重に

自宅での介護や看取りは、前にもお伝えしたように、本人と家族だけでなく、ケアマネジャー（以下、ケアマネ）や医師・看護師などの医療スタッフ、介護スタッフなどの協力と連携が必要です。

ここでは、簡単に看取りの準備を紹介しておきましょう。

まず、**どのような看取りを希望するか、家族や親族と話し合っておくことが大事です。**そのうえで、地域包括支援センターもしくは市町村の在宅医療相談窓口に行き、在宅医療や看取りに関してアドバイスできるケアマネを紹介してもらえるよう相談します。

ケアマネは、要介護・要支援の認定を受けた本人やその家族の希望に応じて、どんな介護サービスを使うかのケアプランを策定し、その手続きや、サービスを利用する人の相談・苦情への対応などを行います。いわば介護保険サービスの一切を取り仕切る「介護の調整役」です。

ケアマネの人柄やケアマネの持っているネットワーク、本人と家族との相性は、その後の介護を左右するので、慎重に選びましょう。経験が豊かで親切で、情報をたくさん持っていて、**何でも気軽に相談できるケアマネに出会えれば介護は一気に楽になります。**

在宅医は、24時間対応や看取りが可能な医師を探す必要があります。かかりつけ医がすでにいる場合は、自宅までの往診や看取りが可能か確認します。もし、24時間対応や看取りまでの対応が無理な場合は、地域包括支援センターや在宅医療相談窓口で紹介してもらえます。

在宅医とケアマネが決まれば、どのような療養生活を送りたいかを話し合い、本人や家族の状態に応じて、在宅医、在宅歯科医、歯科衛生士、薬剤師、訪問看護師、理学療法士、管理栄養士、介護福祉士などで編成する看取りチームをつくります。看取りチームのプロたちは、それぞれ連携のポイントを理解した上で在宅の看取りを支えてくれるはずです。

ちなみに、在宅で提供される医療サービスは医療保険の適用となり、訪問看護は疾患名によって医療保険もしくは介護保険が適用されます。

おひとりさまでも自宅で最期を迎えられないことはない

最近は、最期まで自宅で過ごしたいという、おひとりさまも増えてきました。

いま、一人暮らしの65歳以上が671万7000人います。65歳以上の男性のうち7人に1人、女性の5人に1人が一人暮らしとなっています（総務省2020年国勢調査）。

おひとりさまで寝たきりになっても、介護保険を使えば最期まで一人暮らしを継続することは可能です。食事や排せつ、掃除などは訪問介護で対応できますし、最近では24時間対応の訪問介護も増えてきています。医療保険や介護保険を使いながら、最期まで寄り添ってくれるプロもいます。

しかし、介護保険で生活全般をまかなえるわけではありません。介護保険の生活援助には利用回数の制限がありますし、銀行や役所の手続きをはじめ対象外の家事もあるため、自費で訪問ヘルパーにお願いしなくてはなりません。

家族や友人が近くに住んでいて、自宅を頻繁に訪れてくれる場合は一人暮らしを長く続けていける可能性が高いですが、そうでない場合は、お金と相談ということになるでしょう。

認知症がある場合は、前述したように早めに施設に入所したほうがいいと思います。介護保険を使ったとしても、どうしても一人で過ごす時間が長くなるので、事故などの危険がかなり高くなりますから。

いずれにしても、地域の在宅療養支援の情報を集めることから始めてみてください。くどいようですが、**情報はできる限り集めて、人生の最期を穏やかに過ごす場所として、施設と在宅それぞれのメリットとデメリットを考慮しながら無理のない決断をしてほしい**と思います。

特養の空きを待っている人は27万5000人

2025年までにすべての団塊の世代が75歳以上の後期高齢者になります。団塊の世代とは、1947〜49年に生まれた人たちで、この世代だけで約600万人います。大量の後期高齢者を支えるために、社会保障、主に医療・介護、年金などが限界に達し、社会全体に負の影響がもたらされてしまう――といわれています。

この「2025年問題」を控え、在宅医療・在宅介護の重要性が認識されて、厚労省が「在宅医療・介護推進プロジェクトチーム」を設置したわけですが、訪問診療や訪問介護サービスを提供する体制はまだまだ不十分です。

前に、介護保険制度が変節してきたと言いましたが、2000年に始まったとき、「措置から権利に」というスローガンがありました。

どういう意味かと言うと、それまでの高齢者福祉は、本人の意思とは関係なく、その人が福祉サービスを受ける要件を満たしているかどうかを行政が判断して提供する「措置制度」でした。たとえば、この人はもう一人暮らしは無理だから施設に入れましょうとか、いや、まだまだ大丈夫なようだからご家族で頑張ってくださいね、とかいう形で行政が牛耳ってきたわけです。

それが介護保険制度を導入することによって、「措置」から「権利」になった。つまり、毎月、保険料を徴収する代わりに、だれでも要介護と認定されれば介護を受ける「権利」を与えます、というものです。

権利をもらったわけですから本来、子育てが大変なので親の施設介護を選びたいとか、あるいは親の介護をしていたら会社を辞めなくてはいけなくなるので特養に入所させたいという要望があれば、それに応えなくてはならない。ところが、国はその要望に応えられるだけの十分な数のホームをつくらなかった。前述したように20年以上経ってもいまだに特養の空きを待っている人が27万5000人もいる。2年待ち3年待ちというのは、権利でも何でもありません。

介護保険制度は3年ごとに見直されることになっていて、2015年には要介護3以上でなければ特養に入れないなどと勝手にルールを変えてしまいました。

そして先に言ったように、在宅看取りと在宅介護をごちゃまぜにして、在宅死のほうがいいですよ、と嘘をついて回ったわけです。

上がり続ける介護保険料、40歳から一生払い続ける

介護保険料が上がり続けているのは、ご存知ですか？

介護保険料は市町村（東京23区は区）ごとに決められます。各市町村では、3年ごとの改正のタイミングで保険料の基準額を見直します。

介護保険の被保険者は、65歳以上の「第1号被保険者」と、40〜64歳までの医療保険に加入している「第2号被保険者」とに分かれています。

「第2号被保険者」の介護保険料は、事業者との労使折半で、各医療保険者（健康保険組合、共済組合）ごとに計算方法が異なります。厚生労働省老健局の発表では、

2000年の全国平均は月額2075円（事業主負担分、公費分を含む）でしたが、20年には5669円と3倍近くに跳ね上がっています。

2000年当初は月額2911円だった「第1号被保険者」の介護保険料も、18〜20年までの全国平均は5869円に上がり、21年には6014円で、初めて6000円を超えました。値上がりの要因は、高齢化の進行と介護保険サービスを提供する事業所に支払う介護報酬の引き上げです。

すでにサービス利用者の自己負担割合も、所得に応じて1〜2割から1〜3割へ引き上げられています。

60歳で払い終わる年金とは違い、健康保険と同じく、介護保険料は65歳以降も払い続けなくてはなりません。あまり意識されていないかもしれませんが、**介護保険料は一生払い続ける保険**なのです。

老後の介護資金を貯めていると思えばいい

介護が必要になったときのお金の心配をしている人は少なくありませんが、介護保険料を何十年と払い続け、税金も払っているのですから、それだけ介護資金を貯めているのだと思えばいい。そう考えれば、かなり気が楽になるでしょう。介護保険を利用しないのは絶対に損ですし、介護保険料をこれからも死ぬまでずっと払い続けるのですから、もっとサービスを充実させてほしいと思いませんか。

老後、年金が少ないものだから貯金を使い果たし、生活保護を受けることになった人がいると、世間様は生活保護なんて、と白い目で見る。だけど、これまで払ってきた税金を考えてみてください。

消費税だけでもどれだけ払ったか。消費税が導入されたのは１９８９年ですから、すべての国民が消費税だけでも相当税金を払っているはずです。

それ以上に、**現在の高齢者のほとんどと言っていい人たちは、現役時代に十分税金を払っています。生活保護を受けるにしても、「払った税金のもとを取る」という発想をしてもいい**はずです。

北欧の人たちは、税金を払っている以上はもとを取らなきゃいけないと思っていますし、払った分だけ返ってくるという国に対する信頼感もあるから、消費税が25％になっても怒らないのです。教育費もタダだし、医療費も原則タダだし、失業したら生活保護なんて当たり前に受けられるわけですから。

払った税金を返してもらう、つまり税金を国民のために使ってもらうというのはごく当たり前のことなのに、日本人はそう思っていない。だから政府が税金を無駄遣いする事件が起こっても、真相を究明しようとはしない。たとえばモリカケ問題を次の国会で追及しようとしたら、「大事な審議がいっぱいあるのにしつこい」と国民が非難するのです。

しかも、選挙で介護サービスの充実をうたった首長の候補者はたいがい落選する。介護サービスを充実させればさせるほど、財政は赤字になるからです。赤字を増やすようなことを公約にしているヤツはダメで、赤字を減らすと主張する人のほうに票が集まる。だから福祉はいつまで経っても充実しないことになります。

何でもかんでも赤字は悪だ、と思い込んでいる有権者が多いけれど、赤字覚悟で介護サービスの向上を目指す人に一票を投じようとしない限り、公的介護の充実など望めないと思います。そもそも赤字なら、道路工事を減らすという考え方もあるのです。

死ぬ前くらい迷惑かけてもいいじゃない

高齢者と長く接してきて痛感するのは、戦前からの日本の道徳観に染まった人がやたら多いことです。とりわけ「人に迷惑をかけてはいけない」という意識の強さには驚かされます。

職業柄、患者さんに生活保護の受給や介護保険の利用をすすめることがあるのですが、「この年になってお上の厄介になるのは申し訳ない」とか「世の中に迷惑をかける」とか言う人が大勢います。

集団行動が苦手でデイサービスの利用を嫌がる人が少なからずいるので、「それならヘルパーさんに来てもらって、話し相手になってもらったらどうですか」とすすめても、「それでは申し訳ない」と拒否される場合が多いのです。

高齢者というのは、だんだん衰えていくものです。子どもの世話にはならない、だれにも迷惑をかけたくないと言うのなら、公の制度を利用していいはずです。なのに、それも利用しないというのであれば、生きていけなくなってしまいます。

子どもに迷惑をかけたくないからと終の棲家に老人ホームを自ら選ぶ人は確か

に増えてきましたが、ホームには入りたくないと思っている高齢者もまだまだ多い。配偶者がいるうちは、それでも、まだ老老介護でやっていけるのですが、年齢を考えるとかなり無理をしている人が多いというのが実感です。さらに、配偶者が亡くなると一人で生きていかなくてはなりません。

それでも子どもや公的サービスに頼ることを良しとせず、さらに無理を重ねて、つぶれていくような事態を私はかなりの数見てきました。

人の世話になりたくない、迷惑をかけたくないと言うけれども、人は生きていれば何かしら人に迷惑をかけているものです。

やりたい放題でまわりがいつも尻拭いさせられているような迷惑は問題ですが、ここまで家族や社会を支えてきた高齢者が、体が不自由になったときにヘルパーや家族に介護してもらうことまで、迷惑をかけて申し訳ないと萎縮する必要はまったくないと思います。

老いていくということはだれかに貸しを返してもらうこと

永六輔さんが作詞した歌に、「生きているということはだれかに借りをつくること、生きていくということはその借りを返してゆくこと」という歌詞があります。

しかし私は、「生きているということはだれかに貸しをつくること、老いていくということはだれかにその貸しを返してもらうこと」だと思っています。

これまで我慢して社会のために働いてきたのだから、人生の最後くらい借りを返してもらってもいいだろう、と。

人間は年を取るとだんだん弱ってくるし、最終的に一人では生きていけないものだ、ということを受け入れざるをえません。

介護を受けることであれ、オムツをはくことであれ、そこで意地を張って拒否したら余計な葛藤が生まれます。「車椅子に乗って人に押してもらうのは申し訳ないから死にます」というわけにはいかないでしょう。

日本人には、認知症が進んだら安楽死したいとか、寝たきりになるとみんなに迷惑をかけるから死なせてくれとか言う人が少なくありません。海外で安楽死の研究を続けている学者によると、外国では自分自身の痛みや苦しみがつらいから安楽死を選ぶのであって、人に迷惑をかけるから安楽死させてほしいと言う人はまずいないそうです。

介護される身になったときに、「貸しを返してもらう」というような発想をしないと、せっかく長生きできるようになったのに、生きていることを楽しめないでしょう。

だから親の介護は子どもがやって当たり前、と言っているわけではありません。私は、子どもが直接に親の介護をする必要はまったくないとさえ思っています。

前にも話したように、子どもは精神的なケアに重点を置いて、介護の仕組みづくりに専念したほうがずっと合理的ですし、良好な親子関係を保てます。

だからこそ、**公的な制度は当然の権利として、どんどん活用しましょうよ**、と言っているのです。

だれもが貸しをつくっている

生きているということは貸しをつくること、と言いましたが、貸しをつくるというのは、ものすごい社会貢献をしたとか寄付をたくさんしたとか、あるいは名前が残るような偉業を成し遂げたということではありません。

そう言えば、もう一曲、思い出しました。岡林信康さんの「山谷ブルース」という歌をご存知ですか？　50年以上前に、日雇い労働者たちの街だった東京・山谷を歌ったものです。

人は山谷を悪く言う
だけどおれ達いなくなりゃ
ビルも　ビルも道路も出来ゃしねえ
誰も分かっちゃくれねぇか

みんなは山谷を見下げるけれど、おれ達のおかげでビルがある、日本の繁栄があるんだ、と。

どんな時代のどんな人も、社会の1つのピース、構成員として生きてきたわけだから、それで十分貸しをつくっているのだと私は思っています。

医者みたいな仕事をやっていると、めちゃくちゃ勉強して大学に入って、人助けもしているんだから他の職業よりも給料をたくさんもらって当たり前だと思いがちですが、医者しか世の中にいなかったらどうするの？　という話です。
「俺なんか下っ端ですよ」と言う人がいるけれど、下っ端がいるから世の中が成り立っているわけです。**だれもが社会に「貸しをつくる」生き方をしているのです。**

だから、卑屈になることは全然ない。

人生の終盤は、正々堂々と社会に貸しを返してもらうつもりで、迷惑をかければいいと思います。

5章

「人間、死んでから」

——私がたどり着いた「極上の生き方」

人間の真価がわかる最晩年

35年余りにわたって、これまで6000人以上の高齢者を診てきました。そのなかには元大臣や大企業の元社長や有名大学の元教授など、現役時代は社会的地位の高かった患者さんも何人かはいました。

そういう人の多くは、入院するとお見舞いに来る人がほとんどいません。友人や後輩はもちろん、家族すら訪れない。お金は持っていますから個室には入っているのですが、個室といってもビジネスホテルぐらいの広さしかなく、病院だから殺風景そのもの。そんな部屋で一人ぽつんと寝ているわけです。

若い頃、上の人に媚びることで出世して、下の人間を蹴落としてきた人は、高齢になって半分ボケたり寝たきりになったりして入院してくると、そんな境遇になりがちです。自分を引き上げてくれた人たちはみんな先に死んでしまっていて、下の人間には愛されていないからだれも見舞いに来ないわけです。

それでも過去の栄光を忘れられないのか、現役時代の地位にこだわって、まわりに威張り散らしてしまう高齢者は一定数います。

逆に、見舞い客がひっきりなしに訪れ、いつも笑い声が響いている病室がありました。家族だけでなく、会社員時代の同僚や部下、昔からの友人たちが訪ねてくる。出世はできなかったかもしれないけれど、分け隔てなく気さくに人とつき合ってきた人間は、老いぼれても慕われる。情けは人のためならずだな、と思いました。

自分のやってきたことが、最終的にすべて自分に返ってくる。年を取ると、その人の真価がわかるものです。

地位や肩書きがあてにならないなら自分の名前で生きる

振り返ると、私は灘中灘高卒で東大の医学部に行って、傲慢でとんでもなく嫌なやつでした。友だちも全然いなかったと言っていい状態でした。

東大医学部時代は、大人に仕事をもらう立場（当時、私は「週刊プレイボーイ」という雑誌で、フリーのアルバイト記者をしていました）では、ヘコヘコしていましたが、学生とはほとんどつき合っていませんでした。あとで聞くと、相当に態度が大きかったそうです。

研修医になるときに、同級生から情報を教えてもらえなかったので、精神科医師連合という左翼運動家がしきっている「赤レンガ病棟」というところで研修を受けました。

患者さんの解放運動はいいのですが、それ以外の点で合わないところが多く、我慢できずに2年の研修を1年で放り出すような形で、内科の研修医になりました。

そして、内科でも教授がお山の大将のようになっている実態を知り、医局に入るのをやめました。

医局に入らないので、つてを頼って、国立水戸病院という病院で後期研修医として、神経内科と救命救急センターの研修を受けます。そして、これまで何度か出てきた浴風会という病院に内科と精神科の両方の研修を受けていたことを認められて、拾ってもらうような形で勤めることになります。

この浴風会病院に勤めて高齢者専門の精神科医になったわけですが、そこでいろいろな高齢者を見たことが、私の生き方に大きな影響を与えました。

つまり、年老いてから惨めな思いをしたくないと思ったのです。

若いときにどんなに成功しても、あるいは大勢の人にもてはやされても、性格が悪くて嫌われている人は、老いたら見舞いにも来てもらえない。

かつては社会的地位や力関係で親しくしていた人たちが自分から離れていく過程で、あんなことをしていなければこんなふうにならなかったのかな、なんて思うのは御免だなと思ったわけです。

結局、私は37歳で常勤の医者をやめたのですが、医者の世界で常勤の医者をやめるということはそれ以上の出世がなくなるわけです。

その病院にずっといれば、そこの医長や部長になったり、どこかの大学の医学部の教授になれたりする可能性がある。にもかかわらずやめてしまったのは、最高の勝ち組といわれていた東大医学部の教授に仮になれたとしても、60過ぎにはやめなければならない。当時、東大の教授だった人はどこかの病院の院長になったりしていましたが、それでも70歳かそこらで何の職もなくなるわけです。

そういう人たちが、肩書きのない「ただの人」になることをなかなか受け入れられずに老醜をさらしている姿を見るにつけ、役職や地位に恋々とするのは、あんまりいいことではないなと思うようになりました。

当時から副業で文筆業はやっていましたが、それで食べていけるという見込みもなかった。けれど、**「どうせ死ぬんだから自分の名前で好きなことをやって寿命を使い切ろう」**と勤務医をやめて、フリーランスの医者をしながら文筆業や長年の夢だった映画監督をやるようになったのです。

お金は残さないほうがいい

年を取ると、地位や肩書きはあてにならない。それなら、お金を残せば幸せか、というとそうでもない、とも思うようになりました。

私が浴風会病院にいた頃は幸か不幸かバブルの時期でしたから、都心の一等地にアパートを持っていたら売れば20億円ぐらいになりました。あるとき、そんなアパート持ちの患者さんの息子が「先生、裏金500万円ぐらい払うから、特別養護老人ホームに入れるコネってないですか」と言ってきたのです。そのバカ息子の母親は認知症だったのですが、アパートを売れば20億入るんだから、その金で母親を立派な有料老人ホームに入れてやればいいじゃないか、と腹立たしく思うわけです。

偏見かもしれませんが、金持ちの子どもにはバカ息子やバカ娘が多い。「遺産相続については兄弟姉妹で話し合って決めればいい。うちの家族に限って、もめるわけがない」と楽観している親が少なくないのですが、息を引き取った途端に、お金の話を始める遺族は決してめずらしくありません。

「私はずーっと介護していた」

「でも、お姉さんは家を買うときに父さんから頭金を出してもらったんだから、私は遺産を多めにもらえる権利がある」

「お兄さんはたまにしか顔を出さず、オムツ替えもしていないんだから、介護したことにならない。たくさん遺産をもらおうなんて虫が良すぎるわ」

などという、いじましい話が故人の枕元で飛び交うのです。

財産家の子どもが「年老いたお母さんが心配で」と出戻ったら、いつの間にかその子どもによって資産の名義が書き換えられていた――などというおぞましい話の裁判の相談を受けたこともあります。最初は愛するがゆえに戻ってきたとしても、「残される財産」があると、どうしてもこういう事件は起こってしまうのです。

問題を複雑にしているのは、かいがいしく介護をした子どもと、世話を全然しなかった子どもがいたとしても、法的には相続は平等になることです。

いくら遺言を残しても、遺留分は確実にありますし、遺言無効の申し立てをされて、兄弟間で裁判沙汰になることも少なくありません。認知症だった父親を懸命に介護していた弟に、父親が財産をすべて譲ることにしていても、「父はそのときにはもう判断能力がなかったのだ」と言われて、介護をまったくしなかった兄に裁判を起こされる。悲しいかな、これが現実です。

老後資金を貯めて幸せな人もいるとは思いますが、**金を残すと幸せかと言ったら、そうでないことのほうが多い**のは間違いありません。

ちなみに私は財産を残すより、子どもにはしっかりと教育を授けて、立派な社会人になれるようにしてやるのが親の務めだと思っています。娘が二人いますが、一人はすでに弁護士になっていますし、もう一人は後1年で医者になる予定です。しかも二人とももう結婚していますし、私に財産ができたとしても残すつもりはまったくありません。

再婚したくてもできない「金持ちパラドックス」

私は「金持ちパラドックス（逆説）」と呼んでいるのですが、金持ちであるがゆえに不幸な出来事が起きやすいものです。

たとえば高齢になって妻に先立たれた男性が、近所の小料理屋の女将と仲良くなって「結婚しようと思う」と話したとき、財産がない家であれば、子どもたちは、「お父さん、良かったじゃない。幸せになってね」と言ってくれる。考えようによっては、その女性に介護を押しつけることもできるわけですから。金がなければ、誰も反対しないでしょう。

しかし、家を売ったら2億円になるとか、たっぷり貯金があるとかという場合は、「財産目当てに決まってるじゃないか！　そんな女と結婚するなんて僕たちは許さないよ」などと言われて結婚させてもらえない。

日本の高齢者は気が弱いから、子どもに嫌われたくなくてあきらめるケースが多い。それこそ「嫌われる勇気」を持ったほうがいいと思います。だって、財産のために親の再婚を反対するような子どもが、先々ちゃんと介護してくれる確率は決して高くないですから。

財産目当てだと思われている女性も、途中で離婚したら財産はもらえなくなるわけですから、たとえ財産目当てであっても、自分の介護はしてくれるという保証はあるでしょう。財産目当てでもいいから、女の人が一緒に暮らそうと言ってくれるのであれば、これまで稼いで貯めてきた甲斐があるじゃないですか。

ところが息子や娘に反対されて再婚をあきらめてしまったら、独り身のまま寂しい日々を過ごし、介護が必要になったときに子どももあてにならない。

これもよくある話ですが、金持ちが家を売って高級老人ホームに入るという話になったとき、反対する子どもが多い。有料老人ホームというのは、前にも話したように原則的には所有権ではなく利用権しかありません。そうすると、5億円の老人ホームを買っても、だいたい10年償還のところが多いから、10年経ったら財産価値がゼロになって、相続できる遺産が5億円減ってしまうわけです。だから、子どもたちが反対する場合が結構あります。

というように、**財産を持っていたところで、子どもたちの言いなりになっている限りにおいては、よけい不幸になってしまうことがよくある**わけです。

老後資金2000万円貯めなくても大丈夫

前章で、高齢になったら医療に対する考え方を変えようと提言しましたが、お金についてもマインドリセットする必要があります。

日本人は昔から、稼いだ金を好きなことに使うより貯金に回すことが正しいと思っているところがあります。そこへ2019年に金融庁が「老後2000万円問題」を公表し、老後資金に2000万円貯めていないと晩年にお金が足りなくなるといわれて、いよいよ貯金に走っているわけですが、ケチケチして貯める必要はないと思います。

まず、この2000万円問題は、2017年の高齢夫婦無職世帯の平均収入から平均支出を差し引くと毎月5・5万円赤字になるというケースを取り上げて、30年間で総額2000万円が不足するとされた。

しかし、これはあくまで17年の平均値から算出した額であって、すべての人に当てはまるとは言えない。30年という年数についても、かなり寿命を長く設定しているため、多くの人に当てはまらないと思います。

実は、老年医学を長い間やっていて気がついたことなのですが、ヨボヨボになるか、寝たきりになる、あるいは認知症がひどくなると、人間は意外とお金を使わないのです。

家のローンも払い終わって、子どもの教育費もかからなくなったので、経済的に余裕ができる。ところが、認知症が進んだり寝たきりになったりしたら、旅行に行ったり高級レストランで食事をしたりする機会は、まずないと言っていい。そうしたときに介護保険を使えば、特別養護老人ホームに入ったところで、費用はだいたい厚生年金の範囲で収まります。そうなると老後の蓄えなど必要ない。

高齢になってもなお、「将来が不安だから」とお金をできるだけ使わないで済ませようとする人が実に多いのですが、年金をもらえる年齢であれば、病気になって入院することになっても国の保険制度を使えば支出はさほどかかりません。そのとき初めて、一生懸命に節約して頑張って貯金なんかしなくてよかったな、損したなという気分になるはずです。

先日、経済ジャーナリストの荻原博子さんと対談したのですが、萩原さんは、「実際に介護を経験した人がかかった費用は、一人で平均約600万円。夫婦二人で1200万円。医療は高額療養費制度があるからそれほどかからない。200万もあれば大丈夫。あわせて1400万円、そこにお墓代100万円を足したとしても1500万円。それぐらい貯めて後は全部使ったっていい」

とおっしゃっていました。

そもそも論として、老後の蓄えというのは本来、老後使い切るための蓄えです。それなのに、年金額のなかで生活しなくてはいけないと思い込んでいる人が多すぎる。何歳まで生きるかわからないからとやたら心配して、死ぬまで金を貯め続けるなんてバカげたことはありません。

つまり、お金に対しての考え方をどう変えてほしいかと言うと、**お金を持っていることより使うことのほうに価値がある**、ということです。むしろ、体が動いて頭もしっかりしているうちに、せっかく貯めたお金を使っておかないと、人生を楽しめないし、心も体も老化が進むばかりです。

知らない土地を旅したり、普段行かないレストランでめずらしい料理を食べたりすると、前頭葉が活性化されて若返ります。前頭葉というのは新奇なことを行なうときに働くものなのです。**健康やアンチエイジングにお金を使い、おしゃれをしていろんなところに出かければ、幸福感も高まります。**

さらに、孫や子どもとの思い出づくりにお金を使えば、それだけ家族たちから大切にされるはずです。

「金持ち」よりも「思い出持ち」がうまく逝く

人生の終幕を迎えつつある人からよく聞くのは、「死ぬまでに楽しい思い出をもっと残しておきたかった」という声です。「あのとき、ケチケチしなければよかった」と悔やんでいたと遺族の方から聞くこともめずらしくありません。

お金があって、世界一周旅行に行きたくても、要介護になったらまず行けなくなります。行けるときに行っておかないと思い出はつくれません。

自分で稼いだお金です。配偶者と貯めてきたお金なのですから、自分たちの幸せのために使うのが当たり前。それこそ豪華客船で世界一周してもいいし、温泉旅行でもいいし、おいしいものを食べに行くのでも何でもいい。自分の心を満たすためにお金を使い、思い出を残す。

だんだん体が思うように動かなくなり、ベッドの上で過ごす日が多くなる人生の最終段階で、**心の支えとなってくれるのは、「あのときは楽しかったな」という思い出です。**多くの高齢者を診てきた私の経験からも、素敵な思い出がたくさん残っている人が幸せに旅立っていくように思います。

死ぬまで「現役」でいられる方法

日本には現在、個人金融資産が2023兆円あり、そのうち1274兆円ぐらいを60歳以上の高齢者が持っているといわれます（総務省「全国家計構造調査―2019年」をもとに試算）。子どもに残してあげたいとか、老後の生活にまだまだお金がかかるだろうからと思って、使うのを控えているからです。景気がちっとも良くならないから将来への不安がより強まって、財布の紐はますますきつくなっているのが現状です。

これは大事な話なので、ぜひ申し上げておきたいと思います。

景気がいいか悪いかの違いは、世の中を回っているお金の量が多いか少ないかの違いです。「金は天下の回りもの」というように、まさに天下を回っている金が少ないと経済が低迷する。つまり、お金が使われていない状態が続くと、経済が滞るのです。

現在も消費税を上げることで財源不足を補おうという議論が進んでいますが、消費増税によって消費がさらに冷え込むと、ますます経済を停滞させます。子どもや孫の幸せを考えるのであれば、財産を残すことよりも、彼らがより良く生きられる社会をつくるために、どんどんお金を使って経済循環を良くすることが不可欠です。

私はかねてから、親を介護した子ども、農林水産業、親の店や工房を継ぐ子どもには財産を継承させてもいいが、それ以外の子どもには遺産を継がせず、相続税を100％にすればいいと主張しています。

そうすれば、「税金に持っていかれるよりマシだから」と高齢者が死ぬ前にお金を消費に回すようになって、停滞している日本経済に活気が戻ってくるでしょう。相続税収が増えれば消費税の減税もできますから、若い世代の負担も減ります。若い世代の高齢者への反感も和らぐはずです。

何よりも高齢者が元気になり、健康寿命が伸びて、国全体の医療費も下がっていくでしょう。高齢者がお金を使うようになれば、企業も高齢者向けの車やパソコンの開発、エンタテインメントの提供などを考えるようになりますから、高齢者が大切に扱われ、大いに楽しめる社会がやってくるかもしれません。

いずれにしても、**財産を子どもに残すために自分がしたいことを我慢する、というのは本末転倒**です。自分にも不幸ですし、子どもや孫世代にも日本のためにも不幸でしかありません。それを肝に命じて、**高齢者ほどどんどんお金を使い、消費者として死ぬまで「現役」でいていただきたい。**

高齢者には日本の未来を救えるだけのパワーがあるのだと自信を持って、堂々と「現役」でいていただきたいと願っています。

ワガママ老人が元気で長生きする

老後は、人生の消化試合ではありません。晩年ずっと、死なないように、病気にならないように、とやたら健康を気遣い、迷惑をかけないようにとまわりの人たちに気を遣い、したいこともせずに我慢して過ごすなんて長生きしている甲斐がないじゃないですか。

子どもたちを育て学校にやり、社会に出して、親としての務めは果たした。会社だって嫌な上司がいても辛抱して勤め上げた。そうして、ようやく手に入れた自由な時間です。

カラオケでもカメラでも社交ダンスでも、好きなことを好きにすればいい。自分へのご褒美のつもりで、憧れのポルシェを買って乗り回してもいい。そんな元気も経済的余裕もないというなら、図書館で世界の名だたる古典の読破にチャレンジしてみるのもおもしろいじゃないですか。

新規なことを行なうときに前頭葉が活性化することを考えると、投資やギャンブルも、老後の資金をなくさない程度に楽しみでやるならいい。前述したように男性ホルモンを増やすためにキャバクラに通うのもいい。配偶者が許さないのなら別ですが、「年甲斐もなく」とか「もう年だから」とか自分で自分にかせをはめるのは、もうやめにしましょうよ。

日本の高齢者は節制や我慢を美徳と考えている人が多く、自分の欲や娯楽を過度に制限してしまう傾向があります。若い頃はそれがプラスに働く場合もあるかもしれませんが、年を取ったら、それまで囚われてきた世間体だの体面だの、社会的な常識だのから自由になってもいいはずです。

多少わがままであっても、そんな自分を受け入れて、思いっきり人生を楽しむ。それが何より健康長寿の秘訣です。

食事も健康のためにコントロールしようなどと考えずにおいしいものを食べて、日々を過ごす。高血圧と糖尿病を抱えながら運良く高齢になるまで生き延びたのであれば、無理に血圧を下げたり血糖値を下げたりする必要もありません。中高年の間は、年を取ってから動脈硬化や心臓病にならないために甘いものを控えたり塩辛いものを我慢すべきかもしれませんが、年を取ってしまってからは、自分の好きな味で食べればいい。そこまで生きぬいたご褒美として、食べものにいろいろ制約がつけられる中年族を尻目に、堂々とご馳走を食べたらいいのです。

高齢者といわれる年回りになったら、死ぬまでの日々を自分の好きなように生きて、満足してこの世を去ることを考える。実現するにはさまざまな壁があるにしても、そうした年寄りが増えれば、若い世代にとっても「どうにか若い時代を乗り切れば、後は幸せな年寄りとして人生を送り、自分らしい最期を迎えられる」という励みになると思うのです。

高齢者はタバコを無理してやめなくてもいい

先に述べた養老先生の例もあるように、高齢になったらタバコも無理してやめる必要はないと思います。

タバコを吸う人は、吸わない人にくらべると、確かに動脈硬化になりやすく、心筋梗塞や脳卒中になるリスクが高くなります。酸素と二酸化炭素を交換する肺胞が破壊されてしまう肺気腫になる可能性も高い。

基本的に私は、中高年までの人には、できるだけ早く禁煙したほうがいいとすすめています。しかし、タバコを吸っていても70代まで生きてこられた人は、いまさら無理してやめる必要はないと思います。

かつて浴風会の老人ホームで、喫煙者と非喫煙者の生存曲線を調べたら、65歳を超えると生存率はほぼ変わらないことがわかりました。なぜこんな結果になるかと言えば、喫煙によってがんや心筋梗塞になる人は高齢になる前に亡くなっているの可能性が高いからです。ホームに入った時点で、何十年もタバコを吸っているのに、肺がんにも心筋梗塞にもなっていない人は、タバコに強い何らかの因子を持っているのかもしれません。

いずれにしても、**タバコを吸い続けて70代、80代まで生き延びたような人は、いまさら禁煙しようがしまいが、寿命は変わらない**というわけです。そう考えると、70歳を過ぎた高齢者に無理やり禁煙させる必要はないでしょう。

いまは保険治療も可能になりましたが、それでも禁煙はかなりのストレスがかかります。我慢しているストレスのほうが、実は高齢者には悪影響があります。「NK細胞」といわれる免疫細胞の活性は、70代、80代になると、20代のときのだいたい4分の1に落ちてしまいます。NK細胞は、我慢しているとき、ストレスがあるとき、うつになったときに活性が下がるので、高齢者が我慢をすると免疫力がガタ落ちになってしまうのです。

受動喫煙などの問題はありますから、タバコもやめるに越したことはありませんが、試しに禁煙してみてそれが辛いのなら、マナーを守ったうえでタバコを楽しみ続けてもいいのではないでしょうか。精神的に安定しているほうが免疫力が上がり、がん細胞を抑えることができる。これは間違いありません。

私はタバコはやりませんが、お酒は毎晩楽しんでいます。自分でコントロールできる範囲なら、飲酒は問題ないと思います。アルコールは、なんと言ってもストレス発散の効果がありますから。ただし、毎日大酒を飲んだり、一日中飲み続けたりするのは避けるべきです。とくに怖いのは「一人飲み」。アルコール依存症のリスクが大きく高まるので、くれぐれも注意してください。

運転免許を返納すると要介護になりやすい

私は著書や雑誌のインタビュー、SNSなどで何度となく主張していますが、**高齢者だからといって運転免許を返納しなくてもいいと考えています。**

年を取って、「もう自分が運転するのは危険だ」と判断されるのは素晴らしいことだと思います。しかし、世間の「高齢者の運転は危険だ」という同調圧力に押されて、しぶしぶ免許を返納する必要はまったくない。

確率論的に言っても、高齢者の交通事故は別に高くはありません。2021年度の免許所有者10万人当たりの事故件数は16～19歳が1043・6件と飛びぬけて多く、次いで20～24歳の605・7件、85歳以上の524・4件となっています。

つまり統計数値をもとに、「危ない人から免許を取り上げる」というのなら、日本では免許の取得開始年齢を25歳に引き上げないといけないわけです。

しかし、メディアは若い世代が交通事故を起こしても、飲酒運転でない限りまずニュースにしない。そのくせ、高齢者だと大々的に取り上げる。そして、国は高齢者だけに認知機能テストを義務づけて、免許返納をせまっているのです。高齢者にこんなことを強制しているのは日本だけです。

これによって高齢ドライバーの事故が減るとか、老親に免許を返納させることができたとか安心している人が結構いますが、こんな調査研究があるのをご存知ですか？

筑波大学の市川政雄教授らのチームが約3000人の高齢者を対象に行った追跡調査によると、運転をやめた人はそうでない人に比べて6年後の要介護リスクが2・16倍に上がったそうです。理由は高齢者が免許を返納したり、運転をやめたりすることで外出の機会が激減するからだという。こうした分析結果は、フレイルにまつわる研究でも、私の臨床経験からもうなずけます。

国立長寿医療研究センター予防老年学研究部も高齢者の運転に関する同様の調査をしていますが、結果は衝撃的です。運転を中止した高齢者は、運転を継続していた高齢者と比較して、要介護状態になる危険性が約8倍に跳ね上がることが明らかになったというのです。

コロナもそうですが、社会活動するうえでは常に何かの「危険」を伴います。それを封じ込める対策をするだけでは、将来的に負の現象が起こる。政府の言うことを聞いていると、ろくなことになりません。

少なくとも、まだ十分に運転できる高齢者があわてて免許を返納することはないと思います。できれば、アクセルとブレーキの踏み間違え防止装置や衝突防止装置のついた車など、少しでも安全な車に買い換えてみてはどうでしょう。何年かそれでしのいでいれば、その間に自動運転化が進んでいると思います。いや、早く進めるべきだ、と声を上げることです。

「幸せ探し」の名人はどんどん幸福になる

私は、晩年が幸せなら、その人の人生は幸せだったと考えています。

人間の幸せについて、ノーベル経済学賞を受賞した行動経済学者ダニエル・カールマンは、その人の「参照点」との差に依存すると述べています。

たとえば100億円持っている人の参照点は100億円で、それより1000円損しただけでも不幸せだと思う。1000円しか持っていない人は100円得をするだけで幸せを感じるというのです。

確かに、若くして成功した人は、莫大な財産を持ち、大きな家に住んでいても、まわりがチヤホヤしてくれなくなると、不幸を感じます。もてはやされていた若い頃と比べてしまうからです。

かたや、貧しく苦しい生活を送らざるをえなかった人は、特別養護老人ホームの食事をおいしいと喜び、職員につき添われて「老い先短くなって、こんなに親切にしてもらえる私は本当に幸せです」と笑みを浮かべます。

つまり、いまを幸せと感じるか不幸と思うかは、過去との差をどう考えるかによって違ってくるというわけです。過去が恵まれていた人は、どうしても引き算で考えがちです。それゆえに、いまを不幸だと思ってしまう。反対に恵まれなかった人は、いまはあれもある、これもある、と足し算で考えて幸せに生きられる。そういう意味では、晩年は人生の逆転のチャンスかもしれません。

客観的事実がどうあれ、「幸せ」とは、本人の主観によるものです。つまり、自分がどう感じとるかによって決まる。同じ状況でも、本人が幸せと思えば幸せだし、不幸だと思えば不幸なのです。

毎日の生活のなかに小さな幸せを見つけられる「幸せ探し」の名人は、どんどん幸福になれます。

「太陽を浴びながら散歩できるなんて幸せ」

「今日も朝からご飯が美味しい」

「コンビニの店員さんがやさしくてラッキー！」などと、いつでも、どこにでも幸せを見つけることができます。心が幸せ感に満ちている人は、周囲に好感をもたれ、うれしいことや楽しいこと、つまり幸運が集まります。幸せには「ふくらむ力」があるのです。

いまが幸せでないと感じる人は、身のまわりの小さな幸せを見つけることから始めてみてはいかがでしょう。そのためには、物の見方を変える必要があります。「ない」ことよりも「ある」ことに目を向けるのです。

私のこれまでの臨床経験では、自分の老いを嘆いて、あれができなくなった、これだけしか残っていないと、「ない」ことを数えながら生きる人よりも、老いを受け入れて、まだこれができる、あれも残っていると、「ある」ことを大切にしながら生きる人のほうが幸せそうに見えます。

最期に満足して死ぬために大切なのは、突き詰めると、この「老いを受け入れて、まだできることを大事にする」という考え方です。これが「幸せな晩年」と「不満足な晩年」の分かれ目になる気がします。

理想の老人は品良く、賢く、おもしろく

6000人以上も高齢者を診ていると、いい年の取り方をしているなと思う人と、そうでない人がいることを実感します。いい年の取り方をしている人たちは、私なりに3つの共通点があることがわかってきました。

それは「品良く」「賢く」「おもしろく」で、これらの資質を持つ高齢者のまわりには、自然と人が集まり、幸せそうな老後を過ごしているのです。

品が良いというのは、セレブリティの問題ではなく、老いを素直に認め、ジタバタしたり不安にふり回されたりせずに大らかに生きているということ。そういう人は不思議なオーラを出していますが、それが品のように見えて美しい。

反対に、年取ってからも意地汚いとか金に汚いとか、あるいは命汚いという言葉もあって、絶対に死にたくない、絶対病気になりたくないと、萎縮している高

齢者がいます。コロナでも過度に感染を恐れて、ビビったりイラついたりしている人がいますが、どうせ死ぬんだから感染したら、したときのことじゃない、くらいの覚悟ができている人のほうがカッコいいと私は思います。

「賢く」というのは物知りと言うことではなく、酸いも甘いも嚙み分けてきた人ならではの発想ができるということです。いまの時代、スマホを使えばたいていのことはすぐわかってしまいますから、いくら知識をひけらかしたところで魅力はありません。高齢者が自分の人生経験から世間の常識とは違ったことを言えれば、「だてに年を取ってないな」と一目置かれるでしょう。**その人ならではの「おもしろさ」がある高齢者のまわりに人は集まる**のだと思います。

「品のある老人」「賢い老人」「おもしろい老人」に共通して言えるのは、やはり周囲の人から「愛される」ということなのでしょう。

私もそういう高齢者になりたいと思い、自分の努力目標として『老いの品格』

（ＰＨＰ新書）を書いたのですが、本当にヨボヨボしてきたときやボケたときに、その人の品格が試されるのだと思っています。

２０１８年に75歳で逝去した女優の樹木希林さんは、最期が近づき、寝たきりになったときでも、数々の著名人が駆けつけ、彼女と過ごす時間を惜しんだそうです。死の間際まで、そんなふうに人が集まるというのは、樹木さんの人徳、品格があってのことだと思います。

晩年はがんと長く共生なさっていましたが、こう語っておられました。

「どの場面にも善と悪があることを受け入れることから、本当の意味で人間がたくましくなっていく。病というものを駄目として、健康であることをいいとするだけなら、こんなつまらない人生はないだろう」（『文芸春秋』'14年5月号）

けだし名言です。生きる醍醐味というものをご存知だったのでしょう。

私がたどりついた死生観「人間、死んでから」

私の死生観にもっとも影響を与えたのは、大ベストセラー『「甘え」の構造』の著者である精神科医の土居健郎《たけお》先生です。

アメリカに留学していた30代のはじめ頃、私は現地で精神分析を受けていました。当時、日本で主流だった患者の無意識を探る精神分析とは違い、患者の心を支えるその精神分析は心地良く、「共感の心理学」であるコフート心理学を学ぶようになりました。

日本に帰ってからも、メンタルヘルスのために精神分析的なカウンセリングを受けることにしました。その際、土居先生の「甘え」理論が、コフートの考えともっとも近いと感じて手紙を書いたら、治療を引き受けてくださいました。

精神分析の理論にとらわれず、ざっくばらんに悩みを聞いていただきましたが、あるとき、自分の本がなかなか売れない、知名度がなかなか上がらないという愚痴をこぼしたら、こうおっしゃったのです。

「人間、死んでからだよ」

当時、まだ30代だった私は、その言葉を聞いてもピンときませんでしたが、死というものを考えるようになってから、その意味がわかるようになりました。

いまの知名度や売れ行きにあくせくするよりも、死んでから、みんながどう評価してくれるかのほうが大事であり、いま世間の評価に迎合する必要はないということだろう、と。

土居先生は肩書を得ることや権力闘争には無頓着でした。それは目先の世俗的な成功よりも、死んでから自分自身や自分の理論がどう評価されるかということのほうがよほど大事だと考えておられたからだと思います。

２００９年に土居先生は89歳で亡くなられ、その名も『「甘え」の構造』も残りました。しかし、私には死んでからも残るような著書はまだない。

ただ、私が老年医療や専門分化医療の批判を始めてから30年近く経っていますが、いまだに状況がほとんど変わっていませんから、先々評価される可能性があるかもしれないし、いま急に本が売れだしたのはその前兆かもしれないと期待を寄せてはいるのですが。

映画も撮り続けるつもりですけれど、一作ぐらいは死んだ後も見てもらえるものが撮れないかと夢見ています。

私の理想の死に方、死に場所、看取られ方

簡単に言うと、私は死ぬということを前提に生きているわけです。私が、おいしいものを食べたいとかワインを飲みたいとか、世に残る本や映画をつくりたいとか、そういう欲望に忠実に生きているのは、結局、死ぬときに後悔したくない

からです。

だから、好きなものを食べて好きなことをやり尽くして、めいっぱい生きて、家で寝ていたら知らぬ間に死んでいた、というのが私の理想の死に方です。

できる限り自宅で過ごしたいですが、体が動かなくなってきたら施設に入るかもしれません。私は現在一人暮らしですから、施設に入る前にいわゆる「孤独死」する可能性もあります。けれども、そもそも死ぬ瞬間は誰でも一人です。一人で死ぬのは可哀想だとか悲惨だとかいう発想は、メディアによる刷り込みだと思います。

私の場合は、一人で静かに死にたい。多くの人に看取られて同情されながら死ぬのは煩わしいので、最期は一人がいいです。

日本では多くの人に看取られて死ぬのが幸せという考えがありますが、欧米では家族で看取るということはあまり重視しません。死期が近づいている末期がんの患者などの場合は、友人が一人ずつ見舞いに訪れて、ゆっくりと話すのが欧米のスタイルだそうです。私もそっちのスタイルがいいなと思っています。

「死後の世界」はあなたが決める

私の高校時代の同級生に、中田考《こう》さんというイスラム学者がいるのですが、彼は死後の世界を信じているから、世俗をまったく超越していて、生への執着がまるでない。だから医者にかかったこともないし、毎日イスラム教の戒律に従った生活をしています。

私は信心深い人間ではないし、死後の世界も信じていませんから、よくわかりませんが、そのほうが生きるのは楽かもしれません。

ほかにも、死んだらあの世で愛しい人に再会できるとか、大好きな家族に会えるのが楽しみだとか言って、死ぬこと自体をそんなに恐れていない知り合いもいます。そう思えたら、死ぬのも楽だろうなあと思います。

「人間、死んでから」と言いましたが、死んだ後に自分自身がどうなるのか、どこへ行くのかという意味での死後と、死んだ後に自分がまわりからどう思われるかという意味での死後、そのどちらを意識するかは、人それぞれだと思います。

ただ不毛なのは、死ぬことをあまりにも不安に思うことです。

死を意識したほうが、「生」を楽しもうという気にはなれます。しかし、死をあまりにも意識しすぎると、不安が募ってきて、「生」の邪魔になることがあります。たとえば、高齢になって再婚したいと思っていても、子どもたちに反対されてしかたなくあきらめるというのは、死に際を彼らに看取ってもらいたいと思い詰めるからでしょう。

ただ私は、適度な死の意識のしかたがあると思っています。それは、自分の心と体の声をしっかり聞いて、10年後に生きていられるかどうかわからないから、やっぱり旅行に行こうとか、これだけはやっておこうとか、そういうふうに考えると、死ぬまでの生活をより濃厚に楽しめる。

「極上の死に方」とは、つまるところ、死ぬ間際まで「極上の生き方」を追い求めるということ。人生の幕が下りるまで、自分らしく生きぬくということです。

死ぬ瞬間までは生きているのですから。

死はいつ訪れるかわかりません。長年、多くの高齢者を見てきた経験から言うと、生きている間に思いっきり楽しんで、「生」を充実させておいたほうがいい。

それだけは間違いはありません。

死ぬときに後悔しない生き方の心得

最後に、人生の幕を閉じるとき後悔しないために、「ごくじょうのしにかた」を頭文字にしてちょっとしたポイントをまとめてみました。そっと心のなかで唱えて、今日を精いっぱい元気に楽しく生きてくださるとうれしいです。

ご 極上の死を迎えるために、自分が納得のいく生き方を貫き通す

く 苦しいことやわずらわしいことは、できるだけやらない

じ 自由気ままに暮らす。我慢すると心身ともに老化が加速する

よ 要介護になったら残された機能と介護保険をフルに使い、人生を楽しむ

う うかつに医者のいうことを信じない。治療も薬も選ぶのは自分

の 脳と体を使い続けて、認知症と足腰が弱るのを防ぐ

し 死を恐れれば恐れるほど、人生の幸福度は下がる

に 人間関係が豊かなほど老いは遠のく。人づき合いが億劫になったらボケる

か 体が動かないとき、意欲が出ないときは「なんとかなるさ」とつぶやく

た 楽しいことだけを考えて、とことん遊ぶ。どうせ死ぬんだから

おわりに――人生の幸せに近づくために、いま、いまを幸せに生きる

ここまでお読みいただきありがとうございました。

これからの生き方のヒントになれば、著者として幸甚の至りです。

世の中に、客観的真実などないという考え方があります。目の前の赤く見えるものも脳が情報処理をするから人間には赤く見えるだけだというように、客観的に見えることも主観だという考え方です。

科学的と思われる医学常識も、本当のところはわかりません。

身体に悪いとされていた肥満の人のほうが長生きしているなど、調べてみると覆されることはたくさんあります。

いま、我々が信じている「常識」が将来変わることだっていくらでもあるでし

ょう。

ただ、いま、自分が「幸せ」と感じているのであれば、それが主観であったとしても、本人には本当のことです。逆に「不幸」と感じているのであれば、客観的に恵まれていても、やはり不幸なのでしょう。

あと、いろいろな科学的な説も100％正しいものは何もない、だから科学者は、その定説を覆すべく研究しているという話があるのですが、100％正しいことは少なくとも一つはあります。それは「人間は死ぬ」ということです。

これは遅らせることはできても、あらがいようがないことですし、遅らせるつもりで生きていても、突然、事故に遭うこともあります。

「どうせ、死ぬんだから」なんて悲観的な言葉だと思われるかもしれませんが、事実に逆らわず、いまを幸せに生きることで、少なくとも人生の幸せに近づけると信じています。

少なくとも私は、「どうせ死ぬんだから」と思えるようになって幸せをこれまで以上に感じられるようになりました。だから皆様にすすめるのです。
末筆になりますが、このような奇書に近い本の編集の労をとっていただいた、SBクリエイティブの美野晴代さんと、木村博美さんにはこの場を借りて深謝いたします。

2023年早春

和田秀樹

著者略歴

和田秀樹（わだ・ひでき）

1960年、大阪府生まれ。東京大学医学部卒業。精神科医。東京大学医学部附属病院精神神経科助手、米国カール・メニンガー精神医学校国際フェロー、高齢者専門の総合病院である浴風会病院の精神科を経て、現在、ルネクリニック東京院院長。高齢者専門の精神科医として、30年以上にわたり高齢者医療の現場に携わっている。
主な著書に、『70代で死ぬ人、80代でも元気な人』（マガジンハウス新書）、『80歳の壁』（幻冬舎新書）、『70歳が老化の分かれ道』（詩想社新書）、『老いの品格』（PHP新書）などがある。

どうせ死《し》ぬんだから
好《す》きなことだけやって寿命《じゅみょう》を使《つか》いきる

2023年3月25日　初版第1刷発行
2023年8月26日　初版第6刷発行

著　者　和田秀樹《わだひでき》
発行者　小川 淳
発行所　SBクリエイティブ株式会社
〒106-0032　東京都港区六本木2-4-5
電話：03-5549-1201（営業部）
装　丁　井上新八
本文デザイン・DTP　株式会社キャップス
構　成　木村博美
編集担当　美野晴代
印刷・製本　株式会社シナノパブリッシングプレス
JASRAC　出　2300743-301

本書をお読みになったご意見・ご感想を
下記URL、またはQRコードよりお寄せください。

https://isbn2.sbcr.jp/17875/

ISBN 978-4-8156-1787-5